JN325097

小島富美子の
もっと
うれしい
いただきます！

小島富美子の
もっとうれしい いただきます！
contents

肉

7　ポットロースト（ローストビーフ）
8　ステーキサラダ
9　コートレット
10　切り干し大根と牛肉のスープ
11　肉じゃが
11　牛肉の甘味噌焼き
12　スペアリブ
13　ゆで豚
14　秋酢豚
15　蒸し野菜と豚の黒酢ソース
16　角煮大根
17　豚とピーマンの炒め物
18　ローストチキン
19　鴨のロースト
20　鶏手羽元のとろとろ煮
21　パプリカチキン
21　ホワイトチキン
22　チキンライス（海南鶏飯）
23　肉団子煮込み（コフタ）
24　鶏肉のミートローフ
25　ロールキャベツ
25　ナスと挽き肉のペースト
26　蒸しサラダ
26　コンビーフのスープ

essay

12枚のテーブルクロス……6
器遊び……28
土からの贈り物……46
さくら、さくら……68
お盆使い……86
割烹着の頑張り……98
夢工房……106

魚

- 29　わっぱ飯
- 30　サーモンマリネ
- 31　サーモンパイ
- 32　コトリアード
- 32　アクア・パッツァ
- 33　ブイヤベース
- 34　鯛の海鮮風
- 35　粒うにと南蛮エビのカルパッチョ
- 36　鰹のたたき
- 36　初鰹の漁師風
- 37　鰯のマリネ
- 37　うざく
- 38　カリビアンサラダ
- 39　刺し身サラダ
- 40　鮭餃子
- 40　冬菜の淡雪まぶし
- 41　鯖の味噌煮
- 41　鰤大根
- 42　たらばがにの湯葉グラタン
- 43　鮭のトマトソースグラタン
- 44　白身魚の変わり蒸し
- 44　鱈のフリッター

- 49　車ふの煮物
- 49　きんぴらごぼう
- 50　ラタトゥイユ
- 51　ポテトチップのキッシュ
- 51　秋色サラダ
- 52　やわ肌ネギのグラタン
- 53　トマトのライスサラダ
- 54　白菜漬けのクリーム煮
- 54　白菜漬けのポークロール
- 55　しその実漬けのトマトオードブル
- 55　切り昆布のグラタン
- 56　おでん
- 57　冬至鍋
- 58　コラーゲン鍋
- 59　豆乳チーズ鍋
- 60　揚げ餅のみぞれ鍋
- 61　豆腐の焼き鍋
- 62　ごちそう冷ややっこ
- 63　ニンジンのシャキシャキゼリー
- 64　五目卵焼き
- 65　だし巻き卵
- 65　豆腐オムレツ
- 66　いろいろフラン

野菜・卵

- 47　揚げ芋の田楽
- 48　春の香小鉢
- 48　金時煮豆

ご飯・汁物

- 70　鮭茶漬けの夏ちらし
- 71　ばら寿司
- 72　吹き寄せご飯
- 73　菜の花寿司
- 73　スモークサーモンの押し寿司

- 74 鮭の焼き付け丼
- 74 イクラの鹿の子丼
- 75 挽き肉丼
- 76 椎茸丼
- 76 豆天丼
- 77 カニ炒飯
- 77 切り干し漬け炒飯
- 78 けんさん焼き
- 78 揚げせんべい
- 79 若菜の焼きご飯
- 80 のっぺ
- 81 けんちん汁
- 82 煮菜
- 83 鱈の粕汁
- 84 焼き鯛の吸い物

めん・パスタ

- 87 七夕そうめん
- 88 牛肉の油麺
- 89 鶏のピリ辛麺
- 90 薬膳そばサラダ
- 90 ザーサイ焼きそば
- 91 一塩イカのペペロンチーノ
- 92 パスタ・プリマヴェーラ
- 93 イクラのパスタ
- 94 ホタテオイルリゾット
- 95 トマトリゾット
- 96 ウニのピザ

カレー

- 99 ザ・カレー
- 100 インドカリー
- 101 レッドカレー
- 102 キーマカレー
- 103 カレー炒飯
- 104 魚のカレー煮込み

デザート

- 107 ヨーグルトケーキ
- 108 白玉ポンチ
- 108 抹茶のクレープロール
- 109 スムージー
- 110 ナシとリンゴのコンポート
- 110 梅干しアイス
- 111 アジサイ色のムース
- 112 ゴマ団子
- 113 栗あそび
- 114 黒砂糖のプディング
- 114 揚げ餅のデザート
- 115 ユリ根の茶きん絞り
- 115 アイス柿のオードブル
- 116 焼きリンゴと葉っぱのパイ

あとがき ……… 117

肉
01

12枚の テーブルクロス

　わが家の食卓となる、あこがれの丸テーブルが届いたときのことです。直径110センチの広がりに、私はテーブルクロスで季節感を出そうと決めました。ちょうど6月で、白い大きなアジサイがいっぱい咲く柄を1枚目に選びました。円く切り、ちくちく縫って防水スプレーを振り、テーブルにパーッとかけたときのうれしさが今でも忘れられません。

　7月には海色、10月にはシックな秋色、厳寒の2月には真紅のケシがアールヌーヴォー調に連なってうねる柄がかかりました。お気に入りの12枚がそろうには、3年ほどかかったように思います。

　月の初めにクロスが変わると季節が巡り、小さなキッチンはちょっと弾みます。2人の子どもたちの目の色も会話も、食器たちも変わりました。まるで色の魔法にかけられたように…。

　あれから30年、今は仕事場に置かれている丸いテーブル―木目を深くてからせて、打ち合わせに撮影にと、私をサポートし続けてくれています。

ポットロースト（ローストビーフ）

材料　4人前

牛もも肉ブロック
　……600～700g
ニンニク……2片
塩……大さじ3～4
こしょう……適宜
サラダ油……大さじ2～3
赤ワイン……カップ1/2

作り方

1. 牛肉はタコ糸で縛り上げ、塩を手の平でしっかりすりこみ、こしょうをふっておく。

2. 冷たい鍋にニンニクとサラダ油を入れ、ゆっくり香りを出して、きつね色で取り出す。

3. 2に牛肉を入れ、中火でじっくり回りを焦がしてゆく（急いで肉を回さないこと！）。

4. 赤ワインを加え、ふたをして、中～弱火で20分蒸し上げる（重いふたにして下さい）。

5. 煮汁はこして、脂を取ると、おいしいソースになる。しょうゆを加えると、おいしい。

Point!

お家で一番重い鍋を使って下さい。圧力鍋なら約10分です。少し時間をおいてから切り分けた方が美味！

ステーキサラダ

材料　4人前

牛ステーキ肉……250g
ニンニク……3～4片
- ジャガ芋……2個
- ニンジン……1本
- グリーンアスパラ……4本
- キュウリ……1本
- セロリ……1本
- サラダ菜……1個
- レタス……1/2個
- ミニトマト……4個
- ラディッシュ……2～3個
- サラダ油……大さじ2
- 赤ワイン……大さじ2

作り方

1　ジャガ芋、ニンジンはゆでて、スティック状に切り、グリーンアスパラガスもゆでて3～4cmに切る。

2　キュウリ、セロリも、同じように細長に切り、レタスやサラダ菜は、食べやすくちぎり、ミニトマト、ラディッシュは半分に切る。

3　フライパンに、サラダ油と薄切りにしたニンニクを入れて火を付け、きつね色になるまでいためて取り出す。その油で、強めに塩、コショウをした牛肉をレア状態に焼き、赤ワインを加え、強火にしてアルコール分を飛ばしてから火を止める。

4　サラダボールに1～2の野菜を盛り付け、ニンニクとさいころ状に切った牛肉をのせてゆく。

Point!
少ないお肉でできる豪華な一品。パーティー用に大皿も使って下さい。

コートレット

材料　4人前

牛ステーキ肉 …… 150gくらいを4枚
[バター …… 80g
  サラダ油 …… 大さじ6〜8] 大体1：1の割合
[塩、こしょう …… 少々
  小麦粉、牛乳、パン粉 …… 適宜]
ベビーリーフ、食用花、赤カブ漬け、漬け菜

Point!
イタリアではカツレツ、ウィーンではシュニッツェルといわれる人気の食べ方です。牛肉もたたくので、軟らかく大きくなります。添えの野菜は冷蔵庫と相談、私は漬物をのせました。

作り方

1　牛肉はラップではさみ、ペットボトルなどでたたいて薄く延ばして、塩、こしょうをふり、小麦粉、牛乳、パン粉の順に衣を付ける。

2　フライパンにバターとサラダ油を中火で溶かし、1を焼き上げてゆく。薄いので、衣がきつね色になれば出来上がり。

3　生野菜など散らしたプレートに盛り、刻んだ漬物をトッピングする。

肉

切り干し大根と牛肉のスープ

材料 4人前

切り干し大根 …… 30g
牛肉シチュー用 …… 300g
ニンジン …… 1/2本
長ネギ …… 1本
赤ワイン …… カップ1と1/2
ニンニク …… 1片
バター …… 20g
塩、こしょう、砂糖

作り方

1. 切り干し大根はぬるま湯で戻しておく。

2. 鍋で、ニンニクと長ネギのみじん切りをバターいためし、ニンジンの小口切りと牛肉を加え、軽くいためてから赤ワインを入れ、材料が浸るくらいに水を加える。

3. 中火で20分ほど煮てから、水分を軽く絞った切り干し大根を加え、さらに弱火で20〜30分煮る。最後に塩、こしょうと砂糖少々で味を調える。

Point!

切り干し大根の中華風の味わい方です。赤いクロスで温かそうに…。

肉じゃが

材 料　4人前

牛肉切り落とし …… 150g
ジャガ芋 …… 4個
タマネギ …… 1個
キヌサヤ …… 少々

調味料
- しょうゆ …… 大さじ3
- みりん …… 大さじ3
- 酒 …… 大さじ2
- 水 …… カップ1
- サラダ油 …… 大さじ2
- 塩 …… 少々

作り方

1. ジャガ芋は皮を向き縦長に4等分、タマネギは薄切り、牛肉は一口大に切る。

2. 鍋を熱し、サラダ油を入れ、タマネギ、ジャガ芋をいため、牛肉を加え、調味料を入れて煮る。ジャガ芋に火が通ったら出来上がり。

3. ゆでたキヌサヤなどの青みを散らす。

Point!
つゆが多めの肉じゃが。丁寧にいためてから煮てください。

牛肉の甘味噌焼き

材 料　4人前

牛肉切り落とし …… 200g
春雨 …… 1/2袋
春菊 …… 8本
ごま油 …… 小さじ2
サラダ油 …… 大さじ4
- 八丁みそ …… 大さじ4
- 砂糖 …… 大さじ2
- 酒 …… 大さじ2

作り方

1. 春雨はお湯で戻し、春菊は5cmほどに切る。

2. 八丁みそと砂糖、酒はあらかじめ練り合わせておく。

3. フライパンにサラダ油とゴマ油を入れ牛肉、春雨、春菊をさっといためたら2で味を付ける。

Point!
春雨がうま味を吸って、おいしく仕上がります。
濃い色の器の方が似合う料理です。

スペアリブ

材料　4人前

スペアリブ …… 400g
（豚の骨付きばら肉）

漬け汁
- オレンジジュース …… カップ1/2
- はちみつ …… カップ1/2
- 白ワイン …… カップ1/2
- スープ（固形スープ2個を溶く）
  …… カップ2
- トマトケチャップ …… 大さじ2
- ウスターソース …… 大さじ1

ショウガ …… 7切れ
ニンニク …… 1片
ローリエ …… 1枚

バターライス用
- ご飯 …… 4膳
- グリーンピース …… 1パック
- バター …… 大さじ4
- 塩、こしょう …… 少々

Point!
バーベキューに最適。
焼き加減はお好みで。

作り方

1. 鍋に湯を沸かし、ショウガ、ニンニク、ローリエを入れ、スペアリブを1回ゆでてから冷まして、水気をふく。

2. 漬け汁を作り、1を20分ほど漬け込む。

3. オーブン（160度）で焼く。20分ほどごとに漬け汁をかけ、最後に180度で10分ほど焼く。

4. ゆでたグリーンピースとご飯をバターでいため、塩、こしょうして器に敷き、上に3を並べる。

ゆで豚

材料　4人前

豚肉のブロック …… 600g
長ネギ …… 1本
ショウガ …… 2片
酒 …… カップ1
水 …… カップ12〜13
ソース
- しょうゆ …… 大さじ3
- 砂糖 …… 大さじ1と1/2
- 酢 …… 小さじ1
- ラー油 …… 小さじ1
- ニンニク(すりおろし) …… 2片分

添えた野菜
- キュウリ …… 1本
- パプリカ …… 2個など

作り方

1. 豚肉をタコ糸で縛り、長ネギはぶつ切りにし、ショウガは軽くつぶす。

2. 鍋に水を入れ、沸騰したら1を入れ、再沸騰したら弱火にして20分ほどゆでる。

3. 豚肉がゆで上がったら取り出し、冷ます。

4. キュウリとパプリカの薄切りを皿に敷き、3の豚肉をスライスしてその上に盛り付け、ソースを添える。

Point!
ピーラー（皮むき器）を使って薄く切った野菜は、面白い添えものになります。

秋酢豚

材料　4人前

- 豚肉角切り …… 200g
- タマネギ …… 1個
- ニンジン …… 1本
- エリンギ …… 1パック
- 巨峰 …… 10粒

A. 肉の下味
- しょうゆ …… 大さじ2
- 酒 …… 大さじ1
- 黒こしょう …… 少々

揚げ油

B. たれ調味料
- 酢 …… 大さじ2
- 砂糖 …… 大さじ2
- 水 …… 大さじ2
- 塩 …… 小さじ1

- かたくり粉 …… 大さじ1
- サラダ油 …… 大さじ1

作り方

1. 豚肉は、Aに7～8分漬けて下味を付け、片栗粉を付けて、中温で揚げる。

2. タマネギ、ニンジンは一口大の乱切り、エリンギも縦に割り、一口大に切る。巨峰は皮をむき、種を取っておく。

3. 深めのフライパン（または鍋）にサラダ油をよく熱し、ニンジンをいため、タマネギ、エリンギも加えて、火を通す。

4. 1を加え、巨峰と合わせておいたBを加えて一気にからめ、器に盛る。

Point!
たれを合わせておいて、最後は手早く、いためすぎないように。ナシや柿などほかの果物も使って下さい。

蒸し野菜と豚の黒酢ソース

材料 4人前

豚肉薄切り
　……300〜400g
キャベツの葉 …… 2枚
ブロッコリー、ニンジン
　…… 少々
黒酢たれ
┌ 黒酢 …… 大さじ4
│ バルサミコ酢 …… 大さじ2
│ 砂糖 …… 100g
│ しょうゆ …… 大さじ6
│ 水 …… カップ1/2
│ 紹興酒 …… 小さじ4
│ 塩 …… 少々
└ かたくり粉 …… 適宜

作り方

1. 蒸し器にキャベツの葉を敷いて、豚肉の薄切りとブロッコリー、小口切りのニンジンをのせて、中〜強火で5〜6分蒸し上げる。

2. たれを作る。材料を合わせて火にかけ、沸いてきたら水溶きかたくり粉でとろみを付ける。

3. 1を皿に盛り、たれをかける。

Point!
ヘルシーな食べ方です。それぞれの食材の味を大切に作って下さい。

角煮大根

材料　4人前

豚三枚肉 …… 500g
大根 …… 10cm
ショウガ …… 1かけ
ぬか …… カップ1/2
　　　　（市販の漬物用）

調味料
- みりん …… 大さじ4
- 酒 …… 1/2カップ
- しょうゆ …… 大さじ2
- はちみつ …… 大さじ2

作り方

1. 豚肉は厚い角切りにし、ひたひたの水を入れて、ぬかとショウガの薄切り（5〜6枚）と一緒に鍋で2〜3時間煮る。

2. 肉がすっかり軟らかくなったら、1をザルにあけ、肉をきれいに洗い、きれいな鍋に肉と調味料を入れ、紙ぶたをして30分ほど煮る。

3. 大根を2cmほどの厚さに切ったものと、ショウガの薄切りを10枚ほど入れて、さらに30分ほど煮る。

Point!

圧力鍋を使用の場合は30分かかりません。
多めに作って保存できる総菜です。

豚とピーマンの炒め物

材料　4人前

豚細切り肉 …… 400g
ピーマン …… 8〜10個
赤唐辛子 …… 好みで
　（あれば新潟の青南蛮）
- サラダ油 …… 大さじ3
- しょうゆ …… 大さじ4
- 酒 …… 大さじ2
- こしょう …… 少々

作り方

1　ピーマンは細切りにする。豚肉は、しょうゆ、酒少々にもみ込んで下味を付ける。

2　フライパンに油を入れ、赤唐辛子（輪切り）を入れて、辛味を出してから豚肉を強火でいためる。

3　豚肉に火が通り始めたらピーマンを加え、しょうゆ、酒で味付けし皿に盛り、こしょうをふる。

Point!

ピーマン嫌いも食べられちゃう一品。ピーマンをいためすぎないように注意します。

ローストチキン

材料　4～6人前

鶏1羽 …… 1.5kg
詰め物
- 合いびき肉 …… 200g
- タマネギ …… 1個　　バター …… 10g
- ニンニク …… 1片　　パン粉 …… 大さじ2
- 塩、こしょう

天板にのせる香味野菜と油
- ニンジン …… 1/2本　　タマネギ …… 1/2個
- ニンニク …… 2片　　バター …… 20g
- サラダ油 …… 大さじ2

飾り野菜類
- ミニトマト …… 赤6個、黄6個
- ナッツ …… 50g
- パセリ …… 適宜

作り方

1. タマネギのみじん切りをよくバターでいため、詰め物の材料を合わせて、よく混ぜる。

2. 鶏の中の空洞に1をしっかり押して詰め込み、タコ糸で足をしっかり縛る。

3. 鶏の皮には塩をよくすり込み、ニンニク、サラダ油を塗ってオーブン（210度、90分）で焼く。天板にはタマネギやニンジン、ニンニク少々をのせ、時々、出てきた油を鶏の上からかける。

4. 焼き上がったら、天板に残った油を使ってミニトマトやナッツをいため、皿に添える。

Point !

子どもたちの大好きなハンバーグが詰まったチキン。クリスマスのメインディッシュに!!　食べ残った鶏の骨ガラは、スープにしましょう。ちぎったレタスを食べる直前に入れて!!

鴨のロースト

作り方

1. カモ肉は、皮に格子状に包丁目を入れ、塩、こしょうを軽くすり込んで、30分ほどおく。

2. フライパンで皮を下にして、弱火で焦げ目が付くまで焼いたら、ひっくり返し、強火にして肉の表面を焼き固め、オーブン（180～200度、10分くらい）で焼く。

3. 焼き上がりは網にのせて脂を切り、10分ほどおいてから切り分ける。

4. 鍋で煮詰めたブルーベリーソースを添える。

材料　4人前

合いガモ胸肉 …… 2枚
塩（岩塩やミネラル塩が適する）…… 大さじ2
こしょう …… 適宜

ブルーベリーソース
- ブルーベリージャム …… 大さじ4
- 赤ワイン …… 大さじ4
- バター …… 10～20g
- 塩、こしょう

Point!
皿の中の空間を意識して、ソースや添え野菜を盛って下さい。絵を描くように…。

鶏手羽元のとろとろ煮

材料　4人前

鶏手羽元 …… 8本
長ネギ …… 2本
キクラゲ …… 5gほど
ご飯 …… 1膳分
水 …… カップ8〜10

塩、こしょう …… 少々
酒 …… 大さじ1〜2
豆板醤、糸唐辛子 …… 好みで
ショウガ …… 2〜3片

作り方

1. ネギはぶつ切り、キクラゲは水で戻して一口大にする。
2. 鍋に水と酒を入れ、ネギ、ショウガ、ご飯を入れて煮る。
3. 熱くなったら鶏肉を加え、弱火でゆっくり煮込む。
4. 鶏肉が骨から離れやすくなるまで煮て、キクラゲを加え、塩、こしょうで味を調える。薬味は好みでどうぞ。

Point!
ご飯を入れると鶏肉がより軟らかくなります。優しいピンクを下に敷いて。

パプリカチキン

材料　4人前

- 鶏もも肉
- 鶏胸肉　合わせて500g
- トマト …… 1個
- パプリカ …… 赤、黄、オレンジ 各1個
- タマネギ …… 1個
- ニンニク …… 1片

調味料
- オリーブ油 …… 大さじ2
- 白ワイン …… カップ1
- トマトケチャップ …… 大さじ2
- パプリカ粉末 …… 大さじ1

塩、こしょう、小麦粉 …… 少々
生クリーム …… 大さじ1
イタリアンパセリ …… 少々

作り方

1. タマネギ、ニンニク、トマトはみじん切りにする。
2. 鶏肉は大きく切り、塩、こしょうをしっかりとすり込んで小麦粉をまぶしてから、オリーブ油を熱した鍋に入れて、きつね色に焦げ目を付ける。
3. 2の鍋に1と調味料も加え、へらで混ぜながら中火でいため煮をしてからあくを取り、弱火で15分ほど煮込む。
4. 皿に盛り、生クリームや青みを加える。

Point!
パプリカ王国・ハンガリーの代表料理。鮮やかですから、それを大切にセッティングを。

ホワイトチキン

材料　4人前

- 鶏胸肉 …… 600g
- ホウレン草 …… 1わ
- 白ワイン …… カップ1/2
- 水 …… カップ1/2
- 塩、こしょう …… 適量
- バター …… 10g（ホウレン草用）

ホワイトソース
- 小麦粉 …… 大さじ2
- バター …… 80g
- 牛乳 …… カップ1
- 粉チーズ …… 30g（大さじ6）
- 卵黄 …… 1個分

作り方

1. 鶏胸肉を半分に切り、軽く塩、こしょうをして、白ワインと水で煮る。
2. ホワイトソースを作る時に1の煮汁も加える。さらに粉チーズ、卵黄を混ぜてこくを出し、塩、こしょうで味を調える。
3. ホウレン草は3～4cmに切り、バターをのせて、ラップをして、電子レンジにかける。
4. プレートに3のバターソテーをしき、2のソースの中で軽く煮て味をつけた鶏をのせ、ソースをたっぷりかける。

Point!
こくのあるソースが子どもに人気の一品です。

チキンライス（海南鶏飯 ハイナンチーファン）

材料　4人前

- 鶏もも肉 …… 200g
- 米 …… カップ2
- 水 …… カップ3
- 塩、こしょう …… 少々
- アーモンド、オレンジチップ …… 適宜
- オレンジ、ライム、レモンなど好みの果物

作り方

1. 鍋に水を入れ、温まったら一口大に切った鶏肉を加え、中〜弱火で煮てスープをとる。

2. 米を洗って電気釜に入れ、分量の1を冷まして肉ごと加え、塩、こしょうで好みの味に炊く。

3. 器に盛り、砕いたアーモンドやオレンジチップを飾り、好みの果物を絞って食べる。

Point！

シンガポールの料理。暑い時には、強い色の器をポイントに。夏用の敷物もテーブル用に使えます。
オレンジチップは、輪切りにしてシロップ液に漬けたオレンジを、100度のオーブンで2時間くらい焼くとできます。

肉

肉団子煮込み（コフタ）

材料　4人前

- 合いびき肉 …… 300～400g
- タマネギ …… 1個
- バジル …… 3本
- ほかに香辛料 …… ガラムマサラ　コリアンダー
- トマト …… 2個
- シソ葉 …… 10枚
- 塩、こしょう
- ニンニク …… 2～3片
- オリーブ油 …… 大さじ3～4

作り方

1. 合いびき肉に、みじん切りのタマネギ、刻んだバジルの葉、香辛料、塩、こしょうを加えて練って、肉団子を作る。
2. トマトは皮を取り、粗みじん切りにする。
3. タジン鍋にみじん切りのニンニクとオリーブ油を入れ火にかけ、香りを出して1を入れ、肉団子の回りをしっかり焦がす。
4. 2のトマトを加え、ふたをして、10分ほど強火で蒸す。
5. 出来上がったら、塩、こしょう、好みの香辛料で味を調え、ざく切りのシソ葉を散らす。

Point!

モロッコの郷土料理。タジン鍋はいためたり蒸したりできます。バザール風に、あまり出番のない食器や布を使ってみて下さい。

鶏肉のミートローフ

材料　4～6人前

- 鶏ひき肉 …… 800g
- ゆで卵 …… 3個
- 卵 …… 1個
- カラーパプリカ …… (1/4個ずつ)
- インゲン …… 5本
- かたくり粉 …… 大さじ1
- 塩、こしょう …… 少々
- ハーブとラディッシュ …… 少々

ソース
- ドミグラスソース …… 1/2缶
- ケチャップ …… 大さじ3

作り方

1. ボウルに鶏ひき肉、卵1個、かたくり粉を入れ、塩、こしょうをして、下味を付け混ぜ合わせる。

2. 小さく切った三色のカラーパプリカとインゲンをさらに加え、よく混ぜあわせる。

3. パウンド型に2を1/3量入れ、ゆで卵を並べ、残りを詰めてオーブン（250度、30分）で焼く。

4. カットして皿に盛り、ソースを添える。

Point!
オーブンで焼く時、天板にカップ1杯ほどの水を張っておくと、しっとり焼けます。
1人分ずつのプレート盛りも、優しい感じできれいです。

ロールキャベツ

材料 4人前（10個分）

合いびき肉 …… 200g
キャベツの葉 …… 10枚
タマネギ …… 1個
ショウガ …… 20～30g
- しょうゆ …… 大さじ2～3
- 酒 …… 大さじ1
- 和風だし …… 少々
- 塩、こしょう

作り方

1. 合いびき肉にみじん切りのタマネギ、ショウガのすりおろし（半量分）、塩、こしょうを加えて練る。
2. 軽くゆでたキャベツの葉10枚に1を10等分して巻き、鍋に平らに並べる。
3. しょうゆ、酒、和風だし、ショウガ、2が少し浸る程度に水も加え、味を調えて中火で7～8分煮る。

Point !
キャベツの甘みがしょうゆとマッチする、わが家の味。
ニンジン、ブロッコリーなども上にのせて一緒に煮ると便利です。

ナスと挽き肉のペースト

材料 4～5人前

合いびき肉 …… 200g
長ナス …… 4～5個
- カレー粉 …… 少々
- 塩、こしょう …… 適宜
- ターメリック、ガーリック …… 適宜
- かたくり粉 …… 少々

フランスパン …… 適宜
サラダ菜 …… 適宜

作り方

1. フライパンでひき肉をいため、塩、こしょうやカレー粉、ターメリック等で少し辛めに味を付ける。
2. ナスは小口に切って、1に加えていためる。
3. ナスに火が通ったところで、かたくり粉の水溶きを加え、軽くまとまるようになったら出来上がり。

Point !
ギリシャのひき肉料理。
ご飯やパスタにも合います。

蒸しサラダ

材料　4人前

ベーコン少々（ウインナーでもよい）
ミニトマト、レタス、プチヴェール、インゲン豆、紫タマネギなどの野菜類

　ル・レクチェのソース
　　……好みで
　アンチョビー味のチーズ
　　……好みで

作り方

1. 鍋に入るサイズの皿を用意し、サラダ野菜、ベーコンを散らして盛る。

2. 鍋に入れて3～4分蒸す（目皿がない時は、小鉢やかまぼこ板などを台の代わりにする）。

3. 熱々を好みのドレッシングでいただく。

Point!
傷んだル・レクチェやリンゴをすりおろして、しょうゆ、ワインでゆっくり煮て、オリジナルドレッシングに。食べきれないクリームチーズには、今回はアンチョビーを混ぜ込みました。

コンビーフのスープ

材料　4人前

キャベツ
　……小1個
コンビーフ缶詰
　……1缶

　コンソメスープの素
　　……2個
　しょうゆ……少々
　塩、こしょう
　刻みパセリ……好みで

作り方

1. キャベツは8等分に切れ目を入れて丸ごと鍋に入れ、コンソメスープの素を入れ、水を半分くらいまで加える。

2. コンビーフ缶をくずして加え、しょうゆを入れて、キャベツが軟らかくなるまで煮て、塩、こしょうで味を調える。

Point!
豪快で簡単。アウトドアにぴったりです。鍋ごと食卓に出して下さい。

肉

魚

02

essay
器遊び

　おままごとでも、葉っぱや折り紙、積み木が皿や茶わんに変身しますが、本当に人間は何でも食器に使います。

　旅の楽しみのひとつに、さまざまな地域での面白い器との出合いがあります。バナナの葉やココナツの殻、象牙、不思議な形の錫（すず）の鉢など…、訪ねる者には珍しいけれど、どれも地元では最も手に入りやすい生活に溶け込んだ物。その"当たり前"がつくりだす食卓がとても美しいのです。

　使われる陶磁器の多種多様さ、季節ごとの自然からの添え物の豊かさで、日本は世界に類がない素晴らしい食卓文化を持つ国です。それでも好奇心いっぱいに、異なる食文化を続々と取り込んでいます。

　どんどん取り入れては削り取り、独自の文化を刻み続ける日本。そのDNAは、縄文時代から延々と誰にでも引き継がれているようです。

　それぞれの食卓の上の"当たり前"も、なかなか奥が深そうです。DNAに逆らわずに、手近にある美しさを楽しみ、いろいろとチャレンジしてみましょう。

わっぱ飯

材料　4人前

サケ（甘塩）の切り身
　　…… 2切れ
いくら …… 大さじ3～4
- 白米 …… カップ1
- もち米 …… カップ1
- 昆布 …… 3cm角1枚
- 酒 …… 大さじ1
- しょうゆ …… 大さじ1/2
- 塩 …… 小さじ1/2
三つ葉 …… 少々

作り方

1　白米ともち米を混ぜ合わせて研ぎ、昆布と酒、しょうゆ、塩を加え、規定の分量より少なめの水加減で炊く。

2　わっぱに炊き上がったご飯を盛り、そぎ切りにしたサケをのせ、強火で3分間蒸す。

3　蒸し上がったら、いくら、三つ葉を散らす。

Point!

新潟の代表料理です。わっぱの代わりに、丼でも試して下さい。

サーモンマリネ

材料　4〜6人前

塩ザケ(中〜甘塩) …… 半身
漬け汁
- タマネギスライス …… 1個
- 酢 …… カップ1
- 白ワイン …… カップ2
- 塩　粒こしょう　唐辛子
- 砂糖 …… 好みで

添え物
- 粉ふき芋 …… 4個
- ライム …… 少々
- 赤ピーマンの輪切り …… 少々
- ミント、チャービル …… 少々

作り方

1. 漬け汁用の材料を合わせ、2重のビニール袋に入れて塩ザケを塊のまま漬け込む。3日目くらいから食べられる。(漬け汁を薄めにして冷蔵庫に入れておくと長期保存が可能)

2. サケをスライスして、軽くつぶした粉ふき芋を敷いた上にライム、赤ピーマン、ハーブなどとともに華やかに盛り付ける。

Point!

新巻きザケを使う保存料理。サケの塩が強すぎる場合は、ごく薄い塩水で半日〜1日塩抜きすると、おいしくできます。おせち料理として、重箱詰めにも入れて下さい。

サーモンパイ

材料　4人前

紅ザケ缶詰（加島屋）
　……1缶
タマネギ……1個
春菊……1/4わ
冷凍パイ生地……2枚
バター……30g
卵黄……1個分

作り方

1. 薄切りにしたタマネギを、バターで透明になるまで炒める。火を止めてから、ざく切りにした春菊、汁気を切ったサケ缶を加えて混ぜ合わせ、冷ましておく。

2. お好みの大きさのパイ生地に具を包み、少量の水で溶いた卵黄をつなぎ目や表面に塗り、オーブン（230度、15〜20分が目安）できつね色になるまで焼く。

Point!

パイは冷蔵庫で冷やしてから予熱したオーブンに入れると、パリッと焼けます。

コトリアード

材料 4人前

タラ …… 4切れ
エビ …… 4尾
貝類（ムール貝など）…… 8〜10個
タマネギ …… 1個
ジャガ芋 …… 3個
白ワイン …… カップ1/2
水 …… カップ2〜3
薄力粉 …… 大さじ4
バター …… 大さじ2
塩、こしょう …… 少々

Point!
「白いブイヤベース」と呼ばれる、フランス北西部の代表スープ。素朴な味わいです。

作り方

1. エビは殻をむき、魚はぶつ切り、貝は洗って鍋に入れ白ワイン（大さじ2）をかけて下煮して取り出す。
2. 鍋にバターを熱し、粗く刻んだタマネギ、5〜8mmぐらいの薄さに切ったジャガ芋をいためる。
3. 薄力粉をふり入れ、白ワインを入れ、強火でアルコールを飛ばしたら水を加え、沸騰させて5分ほど煮る。
4. 1を汁ごと加えて塩、こしょうで味を調える。

アクア・パッツァ

材料 4人前

キンメダイ …… 1尾
ドライトマト …… 5個
菊の花 …… 少々
ナス …… 2個
オリーブ …… 10個
ニンニク …… 2片

調味料
　オリーブ油 …… 大さじ2
　塩、こしょう …… 各少々
　白ワイン …… 少々
　水 …… カップ1

作り方

1. 魚はうろこと腹わたを取り、軽く塩をふってオリーブ油（大さじ1）を両面に塗る。
2. ナスは縦半分にした後、斜めの薄切り。ドライトマトは、白ワイン（大さじ2）に浸し、軟らかくして切る。
3. 耐熱皿に1、2を入れ、オリーブを散らす。
4. フライパンにオリーブ油（大さじ1）を熱し、ニンニクの薄切りを軽くいため、水を加えて塩、こしょうで少し薄めの味に調え3の上にかけ、オーブン（200度20〜30分）で焼き、菊の花を散らす。

Point!
「不思議な水」という名のイタリアの水料理。手に入りやすい白身魚でどうぞ。
焼いている時は時々、スプーンで汁を魚にかけて下さい。

ブイヤベース

材料　4人前

エビ …… 6尾
カニ …… 350g
イカ …… 2杯
アサリ …… 1パック
ギス …… 2尾
キンメダイ …… 2切れ

スープ
- ニンニク …… 4片
- オリーブ油 …… 大さじ3
- トマト …… 2個
- タマネギ …… 1個
- 塩、こしょう
- サフラン
- ローリエ
- 白ワイン …… カップ2
- 水 …… カップ2

作り方

1. エビは殻をむき、イカは腹わたを取り、ざく切り、ギスも内臓を取る。アサリは洗って砂出しする。

2. スープ鍋に、みじん切りのニンニクとタマネギ、種を取ってザク切りにしたトマト、オリーブ油を入れて火をつけ、よくいため、白ワインを入れる。

3. ふたをして、よく煮てから水を加える。

4. 2に魚介類を加え、ローリエ、サフラン、塩、こしょうで味を付け、ふたをして煮る。

Point!

南フランス発の代表的魚介スープ。
鍋ごと、食卓に。加えるナプキンの色で、同じ鍋でもがらりと雰囲気が変わります。土鍋もすてきです。

鯛の海鮮風

材料　4人前

タイ刺し身 …… 2さく(半身分)

付け合わせ
- 大根 …… 1/4本
- ニンジン …… 中1本
- 三つ葉 …… 1わ
- キュウリ …… 1本
- シソ葉 …… 5枚
- カシューナッツ …… 30g
- ワンタンの皮 …… 4枚

漬け汁
- しょうゆ …… 大さじ2
- サラダ油 …… 大さじ1

作り方

1. 大根、ニンジン、キュウリ、シソ葉は、いずれも細かく千切りにする。三つ葉は3〜4cmに切る。
2. カシューナッツはビニール袋を使って軽くつぶし、ワンタンの皮は、中温の油で揚げた後、細かくつぶす。
3. タイの刺し身を中央に並べ、1、2を周りに彩りよく盛り付ける。
4. 食べる時は漬け汁を上からかけ、野菜類と刺し身をよくあえる。

Point!
野菜は切って冷やしておくとより美味です。ピーナツ油を使うとより濃厚な中華風になります。

粒うにと南蛮エビのカルパッチョ

材料　4人前

粒うに …… 大さじ2〜3
ナンバンエビ …… 20尾ほど
┌ バジルの葉 …… 適宜
│ オリーブ油 …… 大さじ2〜3
│ 塩 …… 少々
└ 白ワイン …… 大さじ1〜2

作り方

1. バジルの葉6〜7枚とオリーブ油をミキサーにかけ、塩少々で味を調える。
2. 粒うには半分量のワインでのばす。
3. ナンバンエビの頭と尾を取り、殻をむいておく。
4. 皿にバジルソースをひきナンバンエビを並べ、うにをかける。

Point!
ストライプ柄のクロスが、粋な感覚の食卓にしてくれます。

鰹のたたき

材料　4人前

カツオたたき …… 2さく
キュウリ …… 1/2本
ザーサイ …… 10〜20g
たれ
- しょうゆ …… 大さじ2
- サラダ油 …… 大さじ1
- ごま油 …… 小さじ1〜2
- 一味唐辛子 …… 好みで

作り方

1. カツオのたたきを食べやすい大きさに切る。
2. キュウリとザーサイを千切りにして添える。
3. しょうゆ、サラダ油、ゴマ油で作ったドレッシングに一味唐辛子を加え、全体にかける。食べる時は、キュウリやザーサイを薬味のようにして。

Point!
カツオのたたきにピリッと辛いソースを加えて中華風に。ザーサイが効きます。

初鰹の漁師風

材料　4人前

カツオ …… 2さく
（刺し身またはたたき）
薬味
- ショウガ …… 少々
- 葉ネギ …… 少々

たれ
- しょうゆ …… 大さじ2
- みりん …… 大さじ1
- 酒 …… 好みで

作り方

1. 鰹を厚めのぶつ切りにして、たれでさっとあえる。
2. 千切りのショウガ、ぶつ切りの葉ネギなどの薬味をかける。ほかに青ジソ、ミョウガなどをかけてもよい。

Point!
マヨネーズとニンニクの薄切りであえても、違う味わいになります。

鰯のマリネ

材 料 4人前

イワシ …… 6〜8尾
インゲン …… 10本
漬け汁
　赤唐辛子 …… 4〜5本
　粒こしょう …… 適宜
　酢 …… 大さじ2
　しょうゆ …… 大さじ2
　酒 …… 大さじ2
アサツキ …… 1/2わ

作り方

1　イワシは手などで開き、3枚におろし、インゲンはゆでて3cmほどに切る。

2　漬け汁を作り、イワシとインゲンを2〜3時間ぐらい漬け込み、冷やす。

3　食べる前に皿に盛り、アサツキのみじん切りをたっぷり散らす。

うざく

材 料 4人前

ウナギのかば焼き …… 1尾分
キュウリ …… 2本
ミョウガ …… 少々
合わせ酢
　酒 …… 大さじ3
　酢 …… 大さじ6
　塩 …… 少々

作り方

1　キュウリは蛇の目切りにして2cmほどにし、塩もみをした後1回水洗いして、塩を洗い流す。

2　かば焼きは一口大に切り、たれをかけてラップをし、レンジで1、2分温める。

3　2を合わせ酢であえて、器に盛り付け、ミョウガの千切りを天盛りにする。

カリビアンサラダ

材料　4人前

ホタテ貝柱 …… 8個
パプリカ
　　…… 赤、黄、オレンジ各1個
オレンジ果汁 …… 1個分
フレンチドレッシング
　　…… 大さじ2〜3
塩、酒 …… 少々

作り方

1　ホタテ貝柱は、水と酒（1：1）の中で少し煮て、そのまま冷ましておく。

2　パプリカは、あられ状に切る。

3　2にオレンジ果汁、貝柱の煮汁、フレンチドレッシング少々を加え、塩で味を調える。

4　貝を2に漬け込んで、しっかり冷やしてから器に盛る。

Point!

貝柱缶詰ならそのまま使います。
ほかの貝でも試して下さい。
白いカップやお皿に盛ってもきれいなバハマの定番サラダです。

刺し身サラダ

材料　4人前

ブリ刺し身 …… 1さく
蒸しタコ …… 100g
大根 …… 10cm
サラダホウレン草 …… 10本
- ユズの皮 …… 少々
- ネギ（白髪ネギ）…… 少々

ドレッシング
- しょうゆ …… 大さじ2
- サラダ油 …… 大さじ1
- わさび …… 小さじ1

作り方

1. 大根は皮をむき、丁寧に薄く切って、冷水につけて反らせる。

2. 大皿に1とサラダホウレン草、刺し身切りのブリとタコを順に散らして盛り付け、上から白髪ネギとユズの皮の千切りを散らす。

3. ドレッシングを添えて出し、いただく時にかけて、よく混ぜて食べる。

Point!

菊の花も散らすと、ユズと別の香りです。
便利なサラダで、旬の刺し身を季節感のある洋皿に盛り付けてください。

鮭餃子

材料 4人前

- サケ缶 …… 1缶
- 白菜 …… 2枚
- ニラ …… 1/2わ
- ギョーザの皮 …… 18～20枚
- 中華スープ …… カップ4～5
- チンゲン菜 …… 好みで

作り方

1. サケ缶は余分な水分を取り除く。
2. 白菜はゆでてからみじん切りにし、水気を絞り、ニラは細かく刻む。
3. サケと白菜、ニラを混ぜ合わせ、ギョーザの皮に包む。
4. ギョーザはお湯でゆでてから、温めた中華スープに入れる。

冬菜の淡雪まぶし

材料 4人前

- イクラしょうゆ漬け …… 大さじ4
- 冬菜 …… 1/2わ
- 豆腐 …… 1丁
- ユズ …… 少々

作り方

1. 豆腐は水切りし、冬菜はゆでて刻む。ユズ皮もアラレ切りにする。
2. 1にイクラしょうゆ漬けをあえ、盛り付ける。
3. 好みでしょうゆをかける。

鯖の味噌煮

材料　4人前

サバ …… 1尾分の切り身
ショウガ …… 1片(少量は針ショウガに)
長ネギ …… 1本
砂糖 …… 100g

みそだれ
- 赤みそ …… 100g
- 砂糖 …… 大さじ3
- 酒 …… 少々
- 水 …… 適宜

煮つけ用
- 酒 …… 大さじ1
- 水 …… カップ1（200cc）

作り方

1. サバは半身を2〜3切れに切り分け、味がしみ込みやすいように皮に十文字の切り込みを入れる。ショウガは薄切りにする。

2. 長ネギは4cm長さの筒切りにし、金串（または竹串）に刺して焼く。

3. みそだれを作る（ボウルに赤みそと砂糖を入れ、酒と水を加えて溶く）。

4. 鍋に水と酒を入れて中火にかけ、沸騰したところで1のサバとショウガ（少量を残しておく）を入れる。再び沸騰したら3のみそだれを加え弱火にし、ふたをして5〜7分ほどゆっくり煮込む。

5. 器に煮上がったサバと長ネギを盛り、針ショウガを天盛りにする。

鰤大根

材料　4〜5人前

ブリのあら …… 5〜6切れ
大根 …… 1本
ショウガ …… 少々
キヌサヤ …… 彩り程度

調味料
- しょうゆ …… 大さじ2
- 酒 …… 大さじ1
- みりん …… 大さじ2
- 塩 …… 少々
- だし汁 …… カップ2

作り方

1. 大根は、おでん用ぐらいの大きさに切る。

2. ブリのあらは、一度軽くゆでて、丁寧に水洗いする。

3. 大鍋に大根とブリのあら、調味料を加え、ゆっくり気長に煮る。

4. ブリのあらの骨まで軟らかくなるくらいまで煮るとおいしい。

Point!

ブリの臭みは一度下ゆですると取れます。
和布を敷いて、塗りの飯器を鉢として使いました。

たらばがにの湯葉グラタン

材料　2人前

たらばがに缶詰 …… 1缶
乾燥湯葉 …… 4枚
ホワイトソース …… カップ2
ピザ用チーズ …… 適宜
バター …… 少々

作り方

1. お湯をかけて戻した湯葉を、耐熱容器の大きさに切る。

2. バターを塗った容器にホワイトソース、湯葉、タラバガニの順で数段重ね、最後にピザ用チーズを散らして、オーブントースターで加熱し焼き色を付ける。

Point!

湯葉は使いなれると重宝です。上品な味のグラタン、木のふたを台に使っています。

鮭のトマトソースグラタン

材料　2人前

生ザケ …… 2切れ
ホウレン草 …… 1わ
バター …… 20g
トマトホール缶 …… 1/2缶
ミックスチーズ（ピザ用）
　　…… 100g
塩、こしょう …… 適宜

作り方

1. グラタン皿に、ざく切りのホウレン草を入れ、上にバターを散らし、軽く塩、こしょうする。

2. その上にサケの切り身をのせ、トマトホール缶をかける。

3. 2をオーブンレンジ（200度、7～8分）で焼いて、サケに火が通ったら、チーズをのせ、さらに2～3分焼く。

Point!

甘口がお好みの時は、トマトケチャップをトマトソースの半量ぐらいに代えて下さい。

魚

白身魚の変わり蒸し

材料　2人前

白身魚（カレイ、タイなど）
　……　2切れ
レタス　……　2〜4枚
ナンプラー　……　小さじ2
アーモンド　……　6粒
サラダ油　……　大さじ1
塩、こしょう　……　少々
白髪ネギ　……　少々

作り方

1. レタスは大きめにちぎり、アーモンドは砕く。白身魚は軽く塩、こしょうしておく。

2. 皿にレタスを敷いたら上に白身魚の切り身を並べ、サラダ油をかけ2〜3分程度蒸す。

3. 出来上がりにナンプラー、砕いたアーモンド、白髪ネギを添える。

Point!
一緒に盛り込んでいるのは、ちりめんじゃこ入りのスクランブルエッグです。

鱈のフリッター

材料　4人前

タラの切り身　……　8〜10切れ
レモン汁　……　少々
小麦粉　……　カップ1/3
牛乳　……　カップ1/4
卵　……　1個
バター　……　大さじ1
塩　……　少々

作り方

1. 衣を準備する。卵を卵黄と卵白に分け、卵白を固く泡立て、そこへ卵黄、牛乳、小麦粉、塩、そして溶かしたバターを入れ混ぜ合わせる。

2. タラの切り身にレモン汁をふりかけ、1の衣をたっぷり付け、160〜180度の油でじっくりと揚げる。

Point!
ふんわり衣がうれしいイギリス風の揚げ物です。

野菜・卵

03

ESSAY

土からの贈り物

　地球の表面の3割が陸と習いました。では、陸の表面を覆っている土の深さはどのくらいかと思って調べましたら、平均30キロの厚さでした。地殻というこの層は、地球の直径の420分の1。人類の生活の礎、雄大で力強い大地のイメージとは別の、はかない華奢(きゃしゃ)な面が顔を見せます。

　春先の日差しを受けて、思わず吸い込むあの土のにおい、黒々と湿り気を帯びた畑の土の色にも、あらためていたわりの思いがわいてきます。水上勉さんが晩年に残された『土を喰ふ』という本を読むと、野菜を土からの贈り物としていかにいとおしみ、愛でては口(め)にしていらしたかが、ジーンと伝わってきます。

　それにしても、取れたての野菜の見事さ、ウーンと思わず見とれてしまいます。生で味わうのはもちろん、生産者の労苦に頭を下げつつ張り切って料理して、余すところなく私たちの"気"の基にさせてもらいたいですね。

揚げ芋の田楽

材料 4人前

里芋 …… 4個
しょうゆ、酒 …… 少々
かたくり粉 …… 適宜
揚げ油

作り方

1 里芋は皮をむき、くし形に切り、しょうゆと酒を1：1ほどにした液に漬けて、軽く下味を付ける。

2 電子レンジ（3〜4分）で芯を軟らかくしてから、かたくり粉を付けて竹串を挿し、中温（170度）で揚げる。

3 そのままでも、好みのみそでも楽しめる。

> **Point!**
> 八丁みそとシソの実漬けや、青南蛮と越後みそなど、油でいため、甘味を付けて変わりみそを作りましょう。
> かつお節とみそは、薄めて甘くすると子どもに人気のたれになります。

野菜・卵

春の香(か)小鉢

材料 4人前

冬菜 …… 1/2わ
ウド …… 1本
ワサビ菜 …… 5～6本
さつま揚げ …… 2枚
たれ
　麺つゆ …… 大さじ2～3
　わさび …… 少々

作り方

1. 冬菜、ワサビ菜はゆでて、3～4cmに切る。ウドも皮をむき、3～4cmの薄切りにして水にはなし、あく抜きする。

2. さつま揚げも1cm幅に切る。

3. わさびを入れためんつゆで1、2をさっとあえ、小鉢に盛り付ける。

金時煮豆

材料 4人前

金時豆 …… カップ2（300g）
水 …… カップ5
砂糖 …… カップ1
はちみつ …… 大さじ4
しょうゆ …… 小さじ1
昆布 …… 10cm

作り方

1. 金時豆はよく洗って鍋に入れ、水カップ6（分量外）を加えて7～8時間つけてから、そのまま中火で加熱し、煮立ったら一度水を捨てる。

2. 新しい水（カップ5）を加えて中火で煮る。沸騰したらお玉などであくをすくい取り、弱火で30分ほど煮る。

3. 1cm幅に切った昆布と砂糖を加えて、さらに弱火で15分ほど煮る。はちみつとしょうゆを加え、軽くなじませて火を止め、そのまま余熱で20分ほどおいて、味をなじませる。

車ふの煮物

材料 4人前

車ふ …… 3〜4枚
油揚げ …… 2枚
こんにゃく（黒）…… 1枚
鶏胸肉 …… 1枚
ゴボウ …… 1本
サヤエンドウ …… 少々
調味料
　[だし …… カップ2
　　しょうゆ …… 大さじ1〜2
　　酒 …… 大さじ1
　　塩 …… 少々]

作り方

1. 車ふは水につけて戻して4つに切り、油揚げ、こんにゃくは一口大に切り、熱湯をかける。
2. ゴボウは乱切りにして水にさらし、あく抜きする。
3. 鶏の胸肉は一口大に切り、軽く酒をふる。
4. 鍋に調味料を入れ、材料を全部入れて落としぶたをしてゆっくり煮る。
5. 彩りに、ゆでたサヤエンドウを添える。

きんぴらごぼう

材料 4人前

ゴボウ …… 1/2本
ニンジン …… 1本
サラダ油 …… 適宜
ごま油 …… 小さじ1/2
白ごま …… 適宜

調味料
　[しょうゆ …… 大さじ1
　　砂糖 …… 大さじ1/2
　　みりん …… 大さじ1]

作り方

1. ゴボウとニンジンは太めの千切りにし、ゴボウは水につけてあくを抜いておく。
2. フライパンを中火で温めてからサラダ油をひき、ゴボウを軽くいためる。次にニンジンを加えて2〜3分ほど中火でいためる。
3. 調味料を加えてふたをし、弱火で2〜3分ほど煮てから、ごま油を加えて中火でいりつける。
4. 器に盛り、白ごまをふりかける。

> **Point !**
> きんぴらは、金太郎の息子坂田金平さんから名前が付いたそうです。力強く、太めに切るのが本来です。

野菜・卵

ラタトゥイユ

材料　4〜6人前

- グリーンアスパラ …… 1束
- ピーマン …… 赤、緑、黄、各2個
- カボチャ …… 1/4個
- キュウリまたはズッキーニ …… 2本
- ナス …… 4個
- インゲン …… 10本
- トマト …… 3個
- 塩、こしょう …… 適宜

作り方

1. 野菜はすべて食べやすい大きさに切り、耐熱の深めの器に入れ、ときどき塩、こしょうをふりかけながら煮詰めていく。

2. 器をふたまたは、クッキングホイルでしっかりと覆い、オーブン（250〜300度）で、野菜の水気が、半分くらいになるまで蒸し上げる。

Point!

- 地中海岸のイタリアからスペインまで作られる野菜料理。
- 残った野菜をおいしく食べられる一品です。鍋で煮てもできますが、野菜の水分を逃がさないように、ふたはしっかりと。

野菜・卵

ポテトチップの キッシュ

材料 4人前
直径＝21cmのタルト型分

ポテトチップ …… 20枚
グリーンアスパラ …… 2本
ベーコン …… 2枚

生地の材料
- 卵 …… 4個
- コンソメスープ …… カップ1/2
- 牛乳 …… カップ1
- 生クリーム …… カップ1/2
- 塩、こしょう …… 少々

作り方

1. 生地の材料を合わせ、味を調えておく。
2. 斜め切りのグリーンアスパラと刻んだベーコンをいためる。
3. ポテトチップをタルト皿の縁にそって並べ、底にも少し並べる。
4. 1と2を合わせ、タルト皿に流し込み、オーブン（250度、約10分）で焼く。

秋色サラダ

材料 4～6人前

カボチャ …… 1/4個
サツマ芋 …… 1本
ニンジン …… 1本
タマネギ …… 1/2個

調味料
- マヨネーズ …… 大さじ3～4
- 洋がらし …… 小さじ2
- 塩、こしょう …… 少々

作り方

1. カボチャ、サツマ芋は皮をむき、2～3cmくらいの角切りにして、ゆでる。
2. ニンジンは千切りにして、熱湯を通す。
3. タマネギは薄切りにして、塩もみした後、水洗いしておく。
4. 材料を全部ボールに入れ、調味料であえて味を調える。あえすぎないように注意する。

> **Point!**
> カロチン、ビタミンAやCがいっぱいのサラダ。レンジを使うと、野菜の下準備が早くできます。

野菜・卵

やわ肌ネギのグラタン

材料　4人前

ネギ …… 4本
生シイタケ …… 4〜5個
メルティーチーズ …… 200〜300g
刻みパセリ …… 少々

作り方

1　ネギは斜め切り、生シイタケは軸をとり薄切りにする。

2　グラタン皿に生シイタケ、ネギ、チーズの順に重ね、2回繰り返す。

3　オーブン（200度、15〜20分）で焼く。

Point!

簡単でおいしいグラタンです。タバスコをかけたり、マスタードや刻んだオリーブを添えるなど、味の変化を楽しんで下さい。

野菜・卵

トマトのライスサラダ

材料　4人前

トマト …… 4個
ご飯 …… 1～2膳分
カニ風味かまぼこ …… 4本
シソ葉 …… 2枚
フレンチドレッシング
　…… 大さじ2
塩、こしょう

作り方

1　トマトは横にカットし、中身を半分ほどくり抜いてカップにする。

2　ご飯に、刻んだカニ風味かまぼこ、取り出したトマトを加え、フレンチドレッシングであえ、塩、こしょうで味を調える。

3　2をトマトのカップに盛り、シソの千切りを飾る。

Point!

トマトカップはいろいろに使えます。ガラス皿と砕いた氷で夏向きにしましたが、チーズをのせて焼くと、変わりドリアにもなります。

野菜・卵

白菜漬けのクリーム煮

材料 4人前

　　白菜漬け …… 1/4 個分
　　ソーセージ …… 8本
　⌈ 白ワイン …… カップ 1/2
　｜ 水 …… カップ 1/2
　⌊ コンソメスープ …… カップ 1
　　生クリーム …… 大さじ 4
　　粒こしょう、セージ …… 好みで

作り方

1. 水と白ワインに洋風スープの素を加えて煮立て、白菜漬けをざく切りにしたものとソーセージを煮込む。
2. ソーセージの風味が白菜漬けにしみたら、生クリームを加えて、火を止める。
3. 好みでこしょうやハーブでどうぞ。

白菜漬けのポークロール

材料 4人前

白菜漬け …… 1/8 個
豚薄切り肉 …… 8枚

調味料
小麦粉 …… 少々
サラダ油 …… 少々
塩、こしょう

作り方

1. 豚肉4枚を少し重ねるようにして、まな板の上に並べ、軽く塩、こしょうして、白菜漬けを細く切って置き、クルクル巻いて小麦粉を付ける。
2. フライパンにサラダ油を熱し、中火で1をゆっくり回しながら焼き、切り分けて皿に盛る。

Point!
野沢菜を刻んで入れてもおいしいです。

しその実漬けの
トマトオードブル

材料 4人前

しその実漬け …… 大さじ4
トマト …… 大2個
モッツアレラチーズ …… 適宜
オリーブ油 …… 少々

作り方

1. 輪切りにしたトマトの上にモッツァレラチーズ、しその実をのせ、オリーブ油をかける。

Point!
シソの実漬けの変わった食べ方です。
幾何学的な盛り付けが似合う一品です。

切り昆布グラタン

材料 4人前

ジャガ芋 …… 3〜4個
切り昆布 …… 10〜20g
ピザ用チーズ …… 大さじ4
マヨネーズ …… 大さじ4
バター …… 少々

作り方

1. 皮をむいてスライスしたジャガ芋をゆでて、バターを塗った耐熱皿に並べる。

2. 水で戻した切り昆布、チーズ、マヨネーズをかけて、オーブンかオーブントースターで焦げ目が付くまで焼く。

Point!
マヨネーズの酸味で、ヘルシーな切り昆布がおいしく食べられます。

野菜・卵

おでん

がんもどき

材 料　4人前

生地材料(10〜12個)
- 木綿豆腐 …… 1丁
- 山芋 …… 40g
- 卵 …… 1/2個

カニ風味がんもどき
- ずわいがに缶 …… 1/2缶
- 刻み三つ葉 …… 好みで
- 塩 …… 少々

ホタテ風味がんもどき
- ホタテ照り焼き(加島屋) …… 1/2瓶
- 干ししいたけ (戻してみじん切り) …… 2枚
- 長ネギみじん切り …… 1/2本
- 塩 …… 少々

作り方

しっかり水切りした豆腐に、卵とすりおろした山芋を加えて練り、それぞれの具材を混ぜ合わせ、団子にして170〜180度の油で揚げる。

さけ茶漬けのロールキャベツ

材 料　4人前

- さけ茶漬(加島屋) …… 大さじ2
- ジャガ芋 …… 2個
- キャベツ …… 4枚
- かんぴょう …… 少々

作り方

ジャガ芋をゆでてつぶし、さけ茶漬けと混ぜる。下ゆでしたキャベツに包み、かんぴょうで結ぶ。

もちきんちゃく

材 料　4人前

- おにぎり明太子(加島屋) …… 大さじ2
- 切りもち …… 2個
- 油揚げ …… 4枚

作り方

半分に切った油揚げを袋に開いて具材を詰め、ようじで止める。

Point!

加島屋の瓶詰め製品を使って、ひと味違う手作りのたねを作りました。がんもどきは揚げたても美味！

野菜・卵

冬至鍋

材料　4人前

- 雪国まいたけ …… 2パック
- カボチャ …… 1/4〜1/6個
- 雪味ニンジン …… 1本
- 里芋 …… 2個
- カブ …… 2個
- 厚揚げ …… 1枚
- うどん、ユズ …… 適宜
- かす …… 100g
- みそ …… 50g
- だし汁 …… カップ2〜3

作り方

1. 具の野菜類をすべて一口大に切り、軽くレンジにかけてから、鍋に入れる。
2. 中央にマイタケをたっぷり入れ、かす味の汁を張って煮てゆく。
3. ユズの千切り、七味唐辛子などを薬味に、最後はうどんでいただく。

Point!

豚肉の切り落としを加えると、うま味が増します。かすとみそは2：1を基本として、工夫して下さい。

野菜・卵

コラーゲン鍋

材料　4人前

雪国まいたけ …… 2パック
ブナシメジ …… 1パック
雪国もやし …… 1袋
鶏骨付きもも肉 …… 2本
手羽元（手羽先でもよい）…… 4個
白菜 …… 4枚
長ネギ …… 1本
ピーマン …… 2個
春雨（水で戻しておく）…… 1/2袋
豆腐（4等分にする）…… 1/2丁
ショウガ …… 適宜
コンソメスープの素 …… 適宜
塩、こしょう …… 適宜

作り方

1 マイタケ、シメジは食べやすい大きさに分ける。

2 白菜、ネギ、ピーマンは細切りにする。

3 鍋に鶏肉とショウガの薄切り、酒を入れてよく煮たらコンソメスープの素を加え、キノコ、野菜類、春雨、豆腐を入れ、塩、こしょうで味を調える。

Point!

ビタミンCとコラーゲンたっぷり。
美容効果抜群のヘルシー鍋、長ネギ、ピーマン、春雨はさらにその効果を増加させます。

豆乳チーズ鍋

材料　4人前

雪国まいたけ …… 1パック
雪国えりんぎ …… 1パック
エビ …… 8尾
サケ …… 2切れ
水菜 …… 1袋
豆腐 …… 1/2丁
┌ 豆乳 …… 100cc
│ フォンデュ用チーズ（市販） …… 1袋
│ コンソメスープ（顆粒など）
└ 　…… 200cc
塩、こしょう …… 適宜

作り方

1. マイタケ、エリンギは食べやすい大きさに割く。

2. エビは殻をむき、サケと豆腐は一口大に切り、水菜は10cmほどに切る。

3. チーズとコンソメスープ、豆乳を鍋に入れてスープ状になるまでのばし、塩、こしょうなどで味を調えます。

4. 具材を加え、弱火で煮立てて出来上がり。

Point!
強火にすると焦げやすくなるので注意。豆乳にチーズを溶かしこんだクリーミーなだし汁が味の決め手。

野菜・卵

揚げ餅のみぞれ鍋

材料　4人前

切りもち …… 4～5個
めんつゆ …… カップ3
大根おろし …… カップ1～2
水菜 …… 少々
揚げ油

作り方

1　切りもちは半分に切り、中温（170度ほど）できつね色に揚げる。

2　土鍋にめんつゆを好みの薄さにして入れ、大根おろしを加えて温め、揚げたもちと水菜を鍋に入れて煮る。

> **Point!**
> 大根おろしを入れると味が薄くなるので、めんつゆの濃さを調節します。修平鍋という名の長崎の料理です。

豆腐の焼き鍋

材料　4人前

豆腐（絹ごし）……2丁
葉ネギ……1/2束
バター……50g
しょうゆ……大さじ2
かつお節……適宜

作り方

1. 豆腐は水切りします（上下にキッチンペーパーをあて、まな板を斜めにして置き、上から平らな物を軽くのせて重しにする。

2. 底の平らな土鍋や鍋をゆっくり温めてバターを溶かし、1を半分に切って入れる。しっかり火が通ったら、ひっくり返し、裏面も焼き、ざく切りのネギとかつお節しょうゆをかけて、焼き上がり次第小皿に取っていただく。

Point!

土鍋を使った豆腐のステーキ風料理。豆腐の水切りがポイントで、火加減は中火が安心です。簡単ですが、とてもおいしくできる一品です。

野菜・卵

ごちそう冷ややっこ

材料　2人前

豆腐（絹ごし）…… 1丁
キュウリ …… 2本
イクラの塩漬け …… 大さじ3
生ウニの塩漬け …… 大さじ3
わさび …… 少々
塩 …… 小さじ1

作り方

1. キュウリは皮つきのまますりおろし、わさびと塩で薄い味にする。

2. 大皿に1を敷き、6等分した豆腐を並べ、上にイクラや生ウニをのせる。

3. 器ごと冷やして、食卓にすすめる。

Point!

体を冷やしてくれる料理。
キュウリのすりおろしがポイントです。映えるお皿を探してみて下さい。
キュウリへの味付けは、わさびと塩で、心もち控えめが美味です。

ニンジンのシャキシャキゼリー

材料 4〜6人前

ニンジン …… 中1本
ブロッコリー …… 1/2房
コンソメスープの素
　…… 4〜5個
ゼラチン …… 12〜15g
白ワイン、塩、こしょう
　…… 少々
ミニセロリ …… 少々

作り方

1. コンソメスープを作り、その中に分量のゼラチンを溶かし入れ、白ワイン、塩、こしょうで味を調える。

2. ブロッコリーはあらかじめゆでて小房に分けておく。ニンジンは、生のまま細く薄切りにしておく。

3. ブロッコリーとニンジンを1に加え、型に流し込んで固める。

4. 型から取り出して器に盛り、ミニセロリを飾り付ける。

Point!

生で食べるのがおいしい雪味ニンジンで作ると、より甘さが増します。いろいろな形で作れるオードブル風サラダです。

野菜・卵

五目卵焼き

材料 4人前

具
- 卵 …… 5個
- 合いびき肉 …… 50g
- タマネギ …… 1/4個
- 長ネギ …… 1/2本
- 干ししいたけ …… 2枚
- ホウレン草 …… 2本
- ニンジン …… 5cmほど

調味料
- 砂糖 …… 大さじ3
- しょうゆ …… 大さじ1
- 酒 …… 小さじ1
- 和風だし …… 少々
- 塩 …… 少々
- しいたけの戻し汁 …… 大さじ1

サラダ油 …… 大さじ1

写真1

写真2

作り方

1 合いびき肉とタマネギのみじん切りは油少々でいため、塩、こしょうで味を付けておく。

2 長ネギ、戻した干ししいたけ、ニンジン、ゆでたホウレン草はすべて細かく切る（写真1）。

3 溶いた卵に2を加え、調味料で味付けする。

4 フライパンにサラダ油をよく熱してから3を入れ、半円形にまとめ、ふたを使って返して、しっかり焼き上げる（写真2）。

Point!
タマネギのみじん切りとひき肉は、多めにいためて冷凍すると、コロッケやミートソース、ほろほろ卵にも重宝です。

野菜・卵

だし巻き卵

材料　4人前

- 卵 …… 6個(約300g)
- だし汁 …… 150cc
- 砂糖 …… 大さじ1
- 薄口しょうゆ …… 小さじ1
- サラダ油 …… 大さじ1

作り方

1. よく溶きほぐした卵に、かつおと昆布のだし汁を加え、味を好みに調える。
2. フライパンを熱してサラダ油をしき、ティッシュで全体になじませてから、弱火でお玉1杯くらいを入れて薄くのばし、半熟状になったら、奥から折りたたむように巻き上げる。
3. 奥に2を移し、さらにサラダ油をひき、同量の液を入れ、卵の下まで流し込んで巻き上げる。
4. 3を繰り返して、ゆっくり作る。

Point!
だし汁と卵は、2：1の割合です。フライパンでも、火加減を調節してゆっくり巻き上げると、美しくできます。

豆腐オムレツ

材料　4人前（オムレツ2個分）

- 卵 …… 4個
- 絹ごし豆腐 …… 1/2丁
- とろろ昆布 …… 20g
- マヨネーズ …… 大さじ4
- サラダ油 …… 大さじ2
- ぽん酢 …… 適宜

作り方

1. 豆腐はしっかり水気を切り、ほぐしたとろろ昆布とマヨネーズを加えて混ぜておく。
2. フライパンを熱してサラダ油を入れ、ほぐした卵を焼き、1を中央にのせ、包んでゆく。
3. ぽん酢を添えて皿に盛る。

Point!
豆腐の水気をしっかり切ることが大切。

野菜・卵

野菜・卵

いろいろフラン

材料 6個分

卵 …… 2個
牛乳 …… 50cc
コンソメスープ
　…… 200cc
塩 …… 好みで

具
［エビ …… 2尾
　鶏もも肉 …… 2切れ
　グリーンアスパラガス …… 1本
ラディッシュ、チャイブ（細い香草）は好みで。

作り方

1　茶わんに、小さく切った具材を入れておく（エビ、鶏とラディッシュ、グリーンアスパラガス）。

2　卵2個を溶き、牛乳、コンソメスープを加えてのばし、味を調える。

3　1に2を加え、弱めの中火で10分ほど蒸し上げ、香草などを添える。

Point!

洋風の茶わん蒸しです。湯のみ茶わんでかわいく作りました。コーヒーカップも、しゃれた感じになります。

ご飯・汁物

04

日だまりで花と

カジュアルなランチスタイル。シンプルな白皿に1人分ずつ盛り込みました。汁もグラスで。各自、違う皿やカップの組み合わせも楽しいと思います。

essay

さくら、さくら

　咲き初めから花吹雪が舞い終えるまで、桜は日本人の心をかき乱します。どれほどの数の木々が、この島国の春を優しく包んでくれているのでしょうか。静かな一人での観賞からドンチャン騒ぎの宴会まで、さまざまなお花見風景があちこちの木の下で繰り広げられてゆくでしょう。わが家には幸いにも2本の桜の木があります。亡き父が植えて育てたものです。50歳と30歳の桜は毎年伸びやかに花を咲かせ、庭を染め上げてくれます。

　お花見には、ちらし寿司とすり流し椀、おいしくなる鯛の料理を作ります。鮭缶を甘く煎る祖母伝来の鮭でんぶが寿司にはたっぷりかかります。すり流し椀は、色も香りも柔らかいソラ豆を使います。鯛は海鮮風の刺し身にしたり、変わり揚げ、焼き物といろいろですが、デザートは旬の果物をあしらったゼリー寄せの評判がいいです。

　同じ料理で時間の流れに沿った3種のコーディネートをしてみました。初めに基本の色やテーマを決めてしまうと、組み立てが楽です。ただひとつ、あまり使ってほしくないのは薄紅色—この色だけは、1年かけてようやく花開く桜のために、とっておいてあげてください。

夜桜では
赤と明かりをうまく使って、あでやかさを演出。和紙あんどんも作りました。盆を使うと料理もがらりと変わります。吸い物椀は湯のみ茶碗です。

夕暮れの花見は
刻々と花の色が変わるころ、一番引き立つあい色をポイントに。大きな器を並べると、にぎやかになります。明るい花紺の布で華やかさを出しました。

鮭茶漬けの夏ちらし

材料 6人前

さけ茶漬け（加島屋）
　……大さじ8～10
手もみいくら（加島屋）
　……大さじ2
キュウリ……1本
ショウガ……1片
青ジソ……5枚
ナッツ……適宜
すし飯……カップ3

作り方

1. キュウリは薄切りにして塩もみし、ショウガ、青ジソは千切りにする。お好みのナッツをみじん切り、もしくは薄切りにする。

2. すし飯にさけ茶漬け、キュウリ、ショウガ、ナッツを混ぜ合わせ、青ジソ、手もみいくらを飾る。

> **Point!**
> ガラス鉢も涼しそうです。たっぷり盛って、シソも所々にまとめて勢いを大切に。

ご飯・汁物

ばら寿司

材料　6人前

さけ茶漬け …… 大さじ4
筋子 …… 1本
貝柱のうま煮（加島屋）
　　…… 6〜8個
レンコン …… 5cm
厚焼き卵 …… 1/2本
キュウリ …… 2本
食用菊 …… 少々
［ぎんなん …… 10粒
　サラダ油 …… 少々
レンコン用甘酢
　　…… 砂糖、酢、酒、塩
　　　で好みの味に
すし飯 …… カップ4

作り方

1　レンコンは花型に切り、甘酢で煮ておく。ぎんなんは油で炒める。

2　さけ茶漬け、一口大の筋子、貝柱のうま煮、酢レンコン、厚焼き卵、キュウリ、ぎんなんをすし飯に彩りよく盛り付け、生の菊を散らす。

Point!

ひと品作れば何もいらない豪勢な一品。
すし飯は少し甘みを強くすると良いでしょう。強い色の器が締まります。

吹き寄せご飯

材料　4人前

ご飯
- 米 …… カップ3
- ショウガ …… 50g
- 塩 …… 小さじ1

吹き寄せ
- ニンジン、カボチャ、サツマ芋、ゴボウ …… 各50g
- マイタケ …… 1パック
- 塩 …… 適宜
- 天ぷら衣 …… 少々
- 揚げ油
- 天つゆ（好みで）

作り方

1. 米は研いで、ショウガの千切りと塩を入れて、ふつうの水加減で炊く。

2. ニンジン、カボチャは紅葉型に、サツマ芋はイチョウ型に、ゴボウは松葉型に飾り切りする（型があれば抜く）。

3. 揚げ油を熱し、2と衣を付けたマイタケを揚げ、塩少々をふっておく。

4. 炊き上がった1に3をたっぷり散らす。好みで天つゆも添えておく。

Point!

「吹き寄せ」はいろいろな紅葉の美しさをたたえた、日本人の感性です。今回は揚げていますが、煮物もきれいです。渋い器に映えます。

菜の花寿司

材料 4人前

- すし飯 …… カップ3
- しらす干し …… 60g
- 白ゴマ …… 大さじ2
- 菜の花 …… 1/2わ
- [卵 …… 3個
- [塩 …… 少々

作り方

1. 卵は、塩ひとつまみを入れて、鍋でほろほろ卵にする。
2. すし飯に、熱湯をかけたしらす干しと、ゆでて刻んだ菜の花の茎、白ゴマを加え、切り混ぜる。花の部分は、飾り用にとっておく。
3. 四角や長四角のタッパー、空き缶に、ラップを大きめに敷き、1の卵を平らに敷き、2のご飯をしっかりと詰めて固める。
4. 盛るお皿や盆でふたをして、ひっくり返し、ラップをそっとはずして菜の花を飾る。

Point!
ほろほろ卵は、割りばしを2組使うと、細かくできます。火を通しすぎないように、余熱を利用して下さい。

スモークサーモンの押し寿司

材料 4人前

- スモークキングサーモン(加島屋) …… 8枚
- すし飯 …… カップ2
- ゆずこしょう …… 適宜

作り方

1. ラップの上にスモークサーモンをすき間なく並べ、ゆずこしょうを薄く塗る。
2. すし飯を1センチほど敷き詰めてラップで覆い、まな板などの重石をのせて、30分程度ねかせてから切り分ける。

Point!
すし飯を薄くするのがポイントです。
細長い形に切りわけて、洋皿に並べても素敵です。

ご飯・汁物

鮭の焼き付け丼

材 料　4人前

生ザケ …… 4切れ
ご飯 …… 4膳分
シシトウ …… 10本

漬けだれ用
　しょうゆ …… 大さじ4
　みりん …… 大さじ6
　酒 …… 大さじ4
　ショウガすりおろし
　　　…… 大さじ2

塩 …… 少々

作り方

1　小鍋に漬けだれの調味料をいれ、弱火で少し煮詰めてから、ショウガのすりおろしを加えておく。

2　サケの切り身は塩少々をふり、2～3分置いてから焼く（途中で1～2回、1のたれを付ける）。

3　焼き上がりを1に漬け込む。

4　シシトウも軽く焼いて、たれに漬ける。丼のご飯の上に具を盛り、たれをかける。

Point!
保存が利きます。切り身を小さくして、お弁当用にも利用して下さい。

イクラの鹿の子丼

材 料　4人前

イクラしょうゆ漬け …… 大さじ8
　キュウリ …… 1/2本
　大根 …… 7～8cm

ご飯 …… 4膳分
わさび …… 少々（好みで）

作り方

1　キュウリと皮をむいた大根は、小さめのサイの目切りにする（いくらの粒と似た大きさ）。

2　器にご飯をよそい、1といくらを彩り良く合わせながらのせてゆく。

3　最後に、わさびを添える。

Point!
抹茶わんに盛りました。各自違う器も喜ばれます。
野菜は小さいあられ状に切って、鹿の子模様にしましょう。

ご飯・汁物

挽き肉丼

材料　4人前

ご飯 …… 4膳分
合いびき肉 …… 100g
- レタス …… 2枚
- いりごま …… 大さじ4
- ウズラ卵 …… 4個
- 梅干し …… 2個
- 三つ葉 …… 1わ
- サラダ油 …… 大さじ1
- ナムプラー …… 大さじ2
- 赤唐辛子 …… 2～3本
- ショウガ …… 1片

作り方

1. フライパンに油を入れ、赤唐辛子、千切りのショウガをいため、肉を加えてさらにいためてナムプラーで味を付ける。

2. ご飯は千切りレタスとごまを加えて切り混ぜる。

3. 丼に2のご飯を入れて1をたっぷりのせ、梅干し、卵、刻んだ三つ葉を添える。

4. 上の具をかき混ぜながらいただく。

Point!

目玉焼きをのせると、さらにマイルドになります。
栄養バランスのよい丼。香菜を使えば、よりタイらしい風味になります。

ご飯・汁物

椎茸丼

材 料　4人前

干ししいたけ …… 6〜8枚
長ネギ …… 1本
卵 …… 3〜4個
ご飯 …… 4膳分
三つ葉 …… 少々

調味料
- しょうゆ …… 大さじ2
- みりん …… 大さじ1
- 砂糖 …… 大さじ1
- 酒 …… 大さじ1（好みの甘さで）

作り方

1. 水で戻したしいたけを食べやすい大きさに切り、戻し汁に調味料を加えて煮含める。
2. 薄く斜め切りにした長ネギを加えて軽く煮た後、卵でとじてご飯の上にのせ、三つ葉を散らす。

豆天丼

材 料　4人前

豆天（加島屋） …… 10〜15枚
卵 …… 2〜3個
ご飯 …… 4膳分

調味料
- しょうゆ …… 大さじ2
- 砂糖 …… 大さじ2〜3
- 酒 …… 大さじ2

作り方

1. 鍋に調味料を入れ、豆天を加えて火にかける。
2. 軟らかくなったら、卵でとじる。
3. ご飯の上にのせる。

> **Point！**
> 新潟名物の豆天を使ってみました。甘めのたれで煮て下さい。少しモダンにすると楽しいです。

カニ炒飯

材料 4人前

ずわいがに缶 …… 1缶
ご飯 …… 3膳分
万能ネギ …… 少々
卵 …… 3個
サラダ油 …… 大さじ2
塩 …… 適宜
こしょう …… 適宜

作り方

1. 中華鍋にサラダ油を熱し、溶き卵、ご飯を加えていためる。
2. ほぐしたずわいがにと刻んだ万能ネギを加えていため、塩、こしょうで味を調える。

Point!
ご飯と溶き卵をいためる前にしっかりあえると、パラパラした炒飯になります。

切り干し漬け炒飯

材料 4人前

切り干し漬け …… 大さじ8
卵 …… 2個
ご飯 …… 3膳分
サラダ油 …… 大さじ2
塩 …… 適宜
こしょう …… 適宜

作り方

1. フライパンにサラダ油を熱し、溶き卵、ご飯を加えていためる。
2. 切り干し漬けを適宜加えて混ぜ合わせ、塩、こしょうで味を調える。

Point!
切り干し漬けは重宝です。中華っぽく見せるには、強い色、赤、黄、緑、紫などを組ませて、周りにおいて下さい。

ご飯・汁物

けんさん焼き

材料 4人前

ご飯 …… 2～3膳分

つけみその調味料
- みそ …… 大さじ3～4
- みりん …… 大さじ2～3
- ショウガの絞り汁 …… 少々

Point!
上杉謙信や直江兼続ゆかりの郷土食です。
ショウガみその代わりに、ゴマみそ、サンショウみそ、唐辛子みそなどを用いてわが家の味に。

作り方

1. ご飯でおにぎりを作り、オーブントースターで表面が乾くまで焼く。

2. つけみそを、おにぎりの両面に付けて、こんがりと焼く。

3. そのまま食べてもいいが、お茶漬けにして食べるとまた格別の味わいがする。

揚げせんべい

材料 4人前

冷やご飯 …… 2膳分
白ごま …… 少々
しらす干し …… 少々
揚げ油
塩 …… 少々

作り方

1. 冷やご飯を少し電子レンジにかけてふんわりさせ、ごまとしらす干しをまぶして、ラップに挟んで手で丸くのばし、お玉の丸みを使ってふちに丸みを付ける。

2. 中温（170度）で揚げて塩をふる。

Point!
そのまま食べればおつまみに。揚げたてを中華スープにジュッと入れればごちそうに変身します。

若菜の焼きご飯

材料 4人前

ご飯 …… 3膳分
若菜
　葉ワサビ
　ギョウジャニンニク ｝…… 2〜3枚ずつ
　三つ葉
卵 …… 2個
サラダ油、塩 …… 少々

作り方

1　若菜類は細かく刻み、塩をふってご飯と混ぜる。それを1膳で2個のまんじゅう型に握る。

2　フライパンにサラダ油を軽くひき、1を焼く。1〜2度ひっくり返して型がしっかりしてきたら、溶き卵を少しずつかけては返して、焼き上げる。好みにより、しょうゆを少し塗っても、風味が良い。

Point!

ホットプレートを使うと、お好み焼き感覚で楽しめます。若菜類はセリ、シソ、大根菜、小松菜などをふんだんに使い、春の香りを楽しんで下さい。

のっぺ

材料　4〜6人前

塩ザケ …… 2切れ
里芋 …… 4個
ニンジン …… 小1本
こんにゃく …… 1枚
干ししいたけ …… 4枚
イクラ …… 少々
ギンナン …… 少々
キヌサヤ …… 少々
干し貝柱 …… 2個
調味料
　しょうゆ
　　…… 大さじ2〜3
　酒 …… 大さじ2
　みりん …… 大さじ1
　塩 …… 少々

作り方

1. 貝柱、干ししいたけを水で戻しておく。

2. 里芋、こんにゃく、ニンジン、干ししいたけ、塩ザケを長切りにする。

3. 貝柱と干ししいたけの戻し汁に切った材料を加え、煮立ったらあく抜きをして、調味料で味を調えて、味がしみるまで煮て、ギンナンを加える。

4. 器に盛り、ゆでたキヌサヤ、イクラを添える。

Point!

郷土料理のチャンピオン。硬い野菜から鍋に加えていくと、きれいにできます。温かくしても、冷たくしてもおいしいヘルシー料理。多めに作った方がおいしくなります。

ご飯・汁物

けんちん汁

材料　4～6人前

大根 …… 5cm
板こんにゃく …… 1枚
ニンジン …… 1/2本
シイタケ …… 4枚
シメジ …… 1パック
細たけ(水煮) …… 6本
ゴボウ …… 1/4本
車ふ …… 2個
ごま油 …… 大さじ1
だし汁 …… カップ5
調味料
　┌ しょうゆ …… 大さじ2
　│ 酒 …… 大さじ1
　└ 塩 …… 小さじ2
水溶きかたくり粉
　┌ かたくり粉 …… 大さじ3
　└ 水 …… カップ1/2

作り方

1　大根、板こんにゃくは短冊切りにし、ニンジン、シイタケは細切りにする。シメジは小房に分け、細たけは食べやすい大きさに切る。ゴボウはささがきにして、水にさらしておく。車ふは水に戻して食べやすい大きさに切る。

2　鍋を中火で温めてからごま油をひき、1の材料を入れていためる。

3　2の鍋にだし汁を加えて中火で加熱し、沸騰したらあく抜きし、調味料を入れて弱火で5分ほど煮る。水溶きかたくり粉を加え、軽く混ぜて火を止める。余熱で10分ほどおいておく。

Point!

地域で材料と料理法が微妙に異なります。
もともとは、禅僧が中国からもたらした「巻繊汁」といわれています。これは、千切り材料を油でいため、巻いたものとか。

煮菜

材料　4～6人前

- タイ菜の漬物 …… 2～3株
- 里芋 …… 3～4個
- ニンジン …… 1本
- 油揚げ …… 2枚
- ゴボウ …… 1/2本
- 打ち豆 …… カップ1
- ┌ 煮干し …… 2～3本
- ├ みそ …… 大さじ3～4
- └ 酒かす …… 好みで

作り方

1. 塩漬けのタイ菜（または野沢菜）を、そのまま切って水煮したら、さっと水洗いする。
2. 里芋、ニンジンは乱切りに、油揚げは薄切りにする。ゴボウも乱切りにして水にさらす。
3. 打ち豆や煮干しとともに切っておいた材料を鍋に入れ、ひたるくらいの水を加えて火にかけ、野菜が煮えたらみそで味付けをする。酒かすを加えてもおいしい。

Point!

ふるさとの汁物です。具材の量は、調節して下さい。大鍋でたっぷり作ると楽しい一品です。

ご飯・汁物

鱈の粕汁

材料　4〜6人前

タラ（小ぶり）…… 1尾
大根 …… 2本
ショウガ …… 小1個

調味料
- 酒かす …… カップ3〜4
- みそ …… カップ1.5〜2
- 洋がらし …… 適量
  かいわれ大根 …… 1パック

作り方

1. 大根はおでんの時のように厚めに切ります。タラはぶつ切り、ショウガは薄切りにする。

2. 大鍋に大根を入れて、たっぷりの水で煮る。大根が軟らかくなったら、酒かすとみそを入れ煮る。

3. 大根に色がしみてきたら、タラとショウガを加え、さらに煮込む。煮すぎたくらいが、おいしい。

Point!

酒かす：みそは2：1を基本に好みの味にして下さい。あらかじめ合わせておくと楽です。

ご飯・汁物

焼き鯛の吸い物

材料　4人前

タイ（切り身）……4切れ
豆腐……1丁
吸い物だし
　┌ 昆布だし……カップ4
　│ 酒……大さじ2
　│ しょうゆ……小さじ2
　└ 塩……小さじ1
白髪ネギ……適宜
（多めがおいしいです）

作り方

1　タイの切り身は塩をふり、20分ほど冷蔵庫に入れて味をなじませる。

2　焼き始めると同時に、昆布だし風味の吸い物を作り、大きく切った豆腐も入れる。

3　長ネギは細く切り、白髪ネギにする。

4　焼きたてのタイを、豆腐を入れたわんにのせ、熱々の吸い物汁を入れ、白髪ネギをたっぷりのせる。

Point!

タイはしっかり焼いて、焦がした風味を大切に。
白髪ネギのほかに、焼のりをもんで細かくして散らしてもおいしくいただけます。

ご飯・汁物

めん・パスタ

05

essay
お盆使い

　最初の和食の形は、畳の上にお膳を並べるものです。室町時代には「本膳料理」というおもてなし料理ができました。豪華にするにはお膳の数を増やし、自在に広がりを変えました。お膳の中では、器の配置も盛る料理の種類も決められていました。お膳も器も木製で漆塗り、やはりジャパンは木の国なのです。

　その後、懐石料理を経て、お膳から脚の取れたお盆が登場します。角だけでなく丸、半月と形も増えますが、物を運ぶだけでなく、食器としても大変な優れものです。

　無地で柄のない物が多いですから、季節の花や葉を置くだけで、その季節の器として生きてくれます。また、小さな器たちをまとめてくれると同時に、小さな料理をしっかり大きく見せてくれるのです。

　さらには盆自体が大皿となって、たっぷりの料理を載せてもくれます。紙などを幾何学的に切って並べるのも、料理の仕切りに趣向となります。ぜひ使いこなしてみてください。

七夕そうめん

材料　4人前

ずわいがに缶詰 …… 1缶
そうめん …… 400〜500g
インゲン …… 10本
卵 …… 3個
薬味(刻みねぎ) …… 少々
めんつゆ …… 適宜

作り方

1　ゆでたインゲンと薄焼き卵を細切りにする。

2　器にそうめんを盛り、ずわいがに、インゲン、卵を彩りよく斜めにのせ、中央に薬味をちらす。

3　めんつゆを添える。

Point!

ボート形や長皿は、短冊が並んだように斜めに盛る方法があいます。エビやイカ、干物にハム、トマト、キュウリ、レタス、油揚げなど、冷蔵庫をチェックしてさまざまな七夕にして下さい。

めん・パスタ

牛肉の油麺

材料　4人前

牛薄切り肉
　……　200g
ピーマン ……　4個
冷や麦 ……　500g(約2袋)

みその調味料
　┌ 赤みそ ……　大さじ4
　│ サラダ油 ……　大さじ1
　│ 砂糖 ……　大さじ4
　└ 豆板醤 ……　小さじ2

ごま油 ……　大さじ3～4

作り方

1　フライパンを熱し、細く切った牛肉を先にいため、ピーマンの細切りを加えて軽くいためる。

2　みその調味料を1に加えて、さっといためて味を付ける。

3　冷や麦をゆで、ゆで上がりの水気を切り、ごま油をかけてあえ、具をのせ、からめていただく。

Point!
みそは合わせておいて、冷や麦のゆで上がりと、上にのせる具が同時に出来上がるように、工夫して下さい。
アジアン系の変わりランチョンや、トレーを添えると雰囲気が出ます。

めん・パスタ

鶏のピリ辛麺

材料　4人前

鶏もも肉 …… 400g
ナス（焼きナス用）…… 4本
パスタ …… 70g×4

焼き鶏のつけだれ
- ナムプラー …… 大さじ4
- しょうゆ …… 大さじ4
- ニンニク …… 3片（すりおろし）
- こしょう …… 少々

サラダ油 …… 小さじ2

つゆの調味料
- 鶏がらスープ …… カップ4
- ナムプラー …… 大さじ2〜3
- 塩 …… 小さじ2
- 黒こしょう …… 少々
- 一味唐辛子 …… 少々

ショウガ …… 2本
イタリアンパセリ …… 少々

作り方

1. 鶏肉を一口大に切り、たれに10分ほど漬け込む。
2. フライパンでサラダ油を熱し、鶏を焼き上げる。
3. ナスは皮つきのまま、レンジに3〜4分かけ、皮をむいて細く割く。
4. 鍋につゆの調味料を入れて、熱くする。
5. ゆで上がったパスタを皿に盛り、ナスと鶏をのせ、ショウガの薄切りとイタリアンパセリを添え、4を熱くしてかけ、一味唐辛子をふる。

Point!
エスニック料理。パスタで作りましたが、フォーや米粉めんがよく合います。

薬膳そばサラダ

材料　4人前

そば …… 200g
レタス …… 8枚
シソ葉 …… 10枚
ミョウガ …… 2個
梅干しだれ
　┌ 梅干し …… 3～4個
　│ ごま油 …… 大さじ2
　└ カボス …… 2個(絞り汁)

つけドレッシング（お好みで）
　マヨネーズ …… 大さじ2
　めんつゆ …… 大さじ1

作り方

1　レタスは一口大にちぎり、シソ葉は短冊切り、ミョウガは薄切りにする。

2　梅干しだれを作る。

3　そばをゆでて、冷水でしっかりともんだ後、レタスやシソ葉、ミョウガなどと混ぜて器に盛り付け2をかける。

4　好みで、つけドレッシングを添える。

ザーサイ焼きそば

材料　4人前

豚薄切り肉 …… 100g
焼きそば …… 3～4袋
ザーサイ …… 100g
ニンニク …… 8片

┌ サラダ油 …… 大さじ3～4
└ 焼きそば粉末ソース …… 2袋

赤唐辛子の細切り …… 好みで

作り方

1　ザーサイは粗みじん切り、ニンニクは薄切り、豚肉は細切りにする。

2　フライパンにサラダ油とニンニクを入れて火を付け、きつね色にいため、取り出す。そこに豚肉、ザーサイ、焼きそばの順に加えていためる。

3　粉末ソースとニンニクを加え、味付けする。

Point!
ニンニクは、すぐ焦げます。火を付ける前にフライパンに油を入れてから、ゆっくりいためるとうまくゆきます。

めん・パスタ

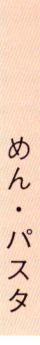

一塩イカのペペロンチーノ

材料　4人前

塩イカ …… 1杯
スパゲッティー …… 70g × 4
 ┌ 赤唐辛子 …… 4本
 │ ニンニク …… 2片
 └ オリーブ油 …… 大さじ4
枝豆チーズ …… 好みで
（カッテージチーズにつぶした
枝豆を混ぜ込みます。）

作り方

1　パスタをゆでる。

2　フライパンにみじん切りニンニクと輪切りにした赤唐辛子、オリーブ油を入れ、火を付けてゆっくり辛味を油に付ける。

3　細く切った塩イカも加えて火を通しておく。

4　ゆで上ったパスタを3に加えて混ぜ、皿に盛る。

> **Point!**
> 塩イカは、薄味の一塩のものがおいしくできます。
> チーズが残ったら、枝豆をつぶしたものとあえてみて下さい。
> 添え物として、色も味も重宝します。

めん・パスタ

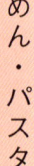

パスタ・プリマヴェーラ

材料 4人前

スパゲッティー
　　…… 70g × 4
たらこ …… 4腹
キャベツ …… 4枚
ゆで卵の黄身 …… 1個分
白ワイン …… 大さじ1〜2
マヨネーズ …… 大さじ2

作り方

1　たらこは薄皮から取り出し、白ワインを入れて、ほぐしておく。

2　1cm幅にざく切りしたキャベツにラップをし、電子レンジ（2分）にかけ、マヨネーズであえる。

3　ゆで上がったスパゲッティーを、たらこであえる。

4　器にキャベツを盛り、その上にかぶせるようにして3を盛り、ゆで卵の黄身をふりかける。

> **Point!**
> プリマヴェーラはイタリア語で"春"の意味。
> ピンク、黄、うす緑の3色がお皿にそろうパスタです。
> 薄い色の皿やランチョンで食卓も春色にして下さい。
> ゆで卵の黄身は茶こしに入れて、スプーンの背で押して、細かくすると、ミモザの花のようになります。白味は刻んでキャベツに加えると、無駄になりません。

イクラのパスタ

材料　4人前

フェットチーネ（幅の広いパスタ）…… 70g×4
イクラしょうゆ漬け（加島屋）…… 大さじ4〜6
- バター …… 40g
- 生クリーム …… カップ1/2
- パルメザンチーズ …… 適宜

作り方

1　パスタをゆでる。

2　ゆで上がりに、バター、生クリームを手早く混ぜ、皿に盛ってイクラしょうゆ漬けを添え、パルメザンチーズをふりかける。

めん・パスタ

ホタテオイルリゾット

材料　4人前

- 米 …… カップ2（洗わない）
- ホタテオイル漬け（加島屋）
  　　…… 4〜6個
- オイル漬けの漬け汁
  　　…… 大さじ2
- ┌ 鶏がらスープ
  │　　…… カップ2〜2.5
  │ パルメザンチーズ
  │　　…… 大さじ3〜4
  └ オリーブ油 …… 大さじ3
- 添え物
  　　…… バルサミコとディル

作り方

1. フライパンにオリーブ油を熱し、米を洗わずにいためる（透明になり、さらに白くなるまで）。

2. 温めた鶏がらスープを、1にお玉で1〜2杯ずつ加えては中火でいため続けてゆく。これを何回か繰り返す。

3. 途中で、ほぐしたホタテ貝柱と漬け汁も加える。味を調えて皿に盛り、バルサミコ酢とディルを添える。

Point!

パルミジャーノ・レッジャーノが手に入ったらすりおろして、パルメザンの代わりに使って下さい。奥深い味わいになります。

めん・パスタ

トマトリゾット

材料　4人前

- トマトジュース …… カップ2
- 湯 …… カップ2
- 米 …… カップ2（洗わない）
- ニンニク …… 2片
- タマネギ …… 1/2個
- オリーブ油 …… 大さじ3
- 塩
- タイム …… 適宜
- 自家製ドライトマト …… 8個

作り方

1. フライパンにみじん切りのニンニク、タマネギ、オリーブ油を入れて火にかけ、さらに米を加えて、よくいためる。

2. トマトジュースをお湯で倍量に薄め、1にお玉で1〜2杯ずつ加えて、ゆっくり中火でいためてゆく（何回か繰り返す）。

3. タイムをちぎって混ぜ、塩で味を調え、ドライトマトを添える。

Point!

自家製ドライトマトは、ミニトマトをオーブン（150度以下）で、5〜6時間かけて焼き上げます。とってもおいしくできます。残ったトマトで、チャレンジして下さい。

めん・パスタ

ウニのピザ

材料　4人前

粒うに …… 大さじ2〜3
ピザ生地 …… 1枚
スライスタマネギ …… 1/2個
ピザ用チーズ …… 適宜
オリーブ …… 少々
オリーブ油 …… 小さじ1
バジルの葉 …… 少々

作り方

1. ピザ生地にオリーブオイルを塗り、スライスタマネギ、ピザ用チーズ、粒うに、輪切りにしたオリーブとバジルの葉をトッピングする。

2. 1をオーブン（200〜220度、7〜8分）で焼く。

Point!

大人の味です。
チーズを2〜3種類合わせてのせると最高です。

カレー
06

essay
割烹着の頑張り

　明治を迎えて一気にスタートした西欧化。嵐のように新しい食品が輸入されましたが、その代表はなんといっても肉でしょう。建前上は禁制だった肉が、超奨励食材へと変ぼうしたのですから。料理法の知識が少ないなかでプロは研究を重ね、ビフテキやコートレットなどの西洋食に挑戦しました。割烹着の主婦たちも手持ちの調味料を使い、見よう見まねでとんかつ、牛丼、オムライスにカレー、コロッケなど定番のおかずを編み出していったのです。

　祖母の割烹着には喜びがありました。すっきり片づいた小さな台所で、コトコトと楽しそうに料理をしていました。無駄のない静かな仕事の流れが、不思議な魔法の空間を創っていました。一方、母の割烹着は活気にあふれていました。明るいダイニングキッチンで大勢の食事を、大鍋を操っては手早に作り上げていました。料理も器もモダンでしゃれています。料理のほかに、いつの間にかキッチンで覚えていくもの、さりげなく受け継がれていくもの…。娘や息子、小さな孫は何を感じとっていくのでしょうか…。台所文化を大切にしたいものです。

ザ・カレー

今回はシーフードカレー。
エビ、ホタテ、ズッキーニをオリーブ油で焼いて、ザ・カレーをかけました。

材料　8人前

タマネギ …… 4個
すりつぶし野菜
　⎡ トマト …… 1個
　⎢ りんご …… 1/2個
　⎣ バナナ …… 1本
チャツネ …… 大さじ1～2
おろしニンニク …… 小さじ2
おろしショウガ …… 小さじ2
スープ ……
　水3ℓにコンソメスープの素4個
カレールウ（2種を合わせる）
　…… 600～700g
サラダ油 …… 大さじ3
手作りピクルスを添えて

作り方

1. フライパンにサラダ油をひき、薄切りのタマネギを中火で40分以上、あめ色になるまでいためる。

2. 大鍋にスープを作る。

3. タマネギや、すりつぶした野菜に別々にスープ少量を加えて、ミキサーにかける。

4. ひと煮立ちしたらカレールウを加え、好みの軟らかさと辛さに調整する。

タマネギ4個をここまでいためる

Point!

大切なのは、タマネギのいため方（写真上）。大鍋でたっぷり作って冷凍するととても便利、具材は何でも合います。

カレー

インドカリー

材料　4人前

鶏骨付きもも肉 …… 700g
タマネギ …… 2個
ニンニク …… 1片
トマト …… 2個
バター …… 200g

スパイス A
　カレー粉 …… 大さじ1
　カルダモン、コリアンダー
　　　…… 各小さじ1
　レッドペッパー、シナモン
　　　…… 各小さじ1/2
　ブラックペッパー
　　　…… 小さじ1/4

スパイス B
　ヨーグルト …… カップ1/3
　ガラムマサラ …… 大さじ2

スライスアーモンド …… 20g
塩 …… 少々

Point!
骨付き鶏のもも肉をしっかり煮こんだカレー。本格的に作ってナンと一緒にどうぞ。

作り方

1. 鍋にバターを溶かし、薄切りのタマネギとニンニクを、きつね色までいため、関節から2等分にした鶏肉も加え、しっかり焼き色を付ける。

2. 皮をむき、種を取ってザク切りにしたトマトと、スパイスAをカップ1.5の湯で溶いた汁を加え、1にふたをして5分ほど煮込む。

3. さらにスパイスBを加え、塩で味を調え、味がなじむまで煮て、フライパンでさっとあぶったスライスアーモンドを散らして、器に盛る。

レッドカレー

材料　4人前

豚肩ロース …… 800g
トマト …… 2個
赤ピーマン …… 1個
オクラ …… 10本
- すりおろしタマネギ …… 2個
- ショウガ …… 1個
- ニンニク …… 1片

香辛料
- カレー粉、ターメリック、パプリカ …… 各小さじ1
- レッドペッパー …… 大さじ1

ナムプラー …… 大さじ1
サラダ油 …… カップ1/3

Point!
エスニック風の赤いカレー。色も辛味も酷暑向き。
豚肉にタマネギ類と香辛料をすりこむ時は、指でもむように丁寧に!!

作り方

1. 3cmくらいの角に切った豚肉に、すりおろした野菜類と香辛料をしっかりすり込んで混ぜる。

2. サラダ油も混ぜ込み、弱火で肉が軟らかくなるまで煮る。

3. 赤ピーマンは縦長に切り、トマトは皮をむき、種を取って乱切りにする。オクラはゆでる。

4. 肉に野菜を合わせトマトが崩れるまで煮て、ナムプラーで味を調える。

カレー

キーマカレー

材料　4人前

合いびき肉……400g
ナス……4本
カレールウ（インド風味のもの）
　　……4人分
サラダ油……大さじ6〜7
香辛料
　┌ 赤唐辛子……大さじ1〜2
　│ コリアンダー……大さじ1
　└ ガラムマサラ……大さじ1

作り方

1　ナスは縦に6等分して、サラダ油（大さじ3）で、いためておく。

2　別にサラダ油（大さじ3）で香辛料とひき肉をいため、カレールウを加える。煮えたら1のナスを加え、軽く火を通す。

3　カレー粉、辛味などさらに好みで足して下さい。

Point!
市販のカレールウをベースに、手軽にできるナスカレー。ナスはしっかりいためて下さい。

カレー炒飯

材料　4人前

合いびき肉 …… 200g
長ネギ …… 2本
ニンジン …… 1/2本
枝豆 …… 好みで
卵 …… 4個
ご飯 …… 3膳分
サラダ油 …… 大さじ3

調味料
- カレー粉 …… 大さじ3
- ターメリック …… 大さじ1
- しょうゆ …… 小さじ1
- 塩 …… 小さじ2
- こしょう …… 少々

作り方

1. フライパンを十分熱してからサラダ油（大さじ1）をひき、溶き卵を入れてスクランブル状態にし、皿に取り出しておく。

2. さらにサラダ油（大さじ2）をよく熱し、薄切りにしたネギを入れてさっといため、ひき肉とみじん切りのニンジンを加えていため、カレー粉、塩、こしょうで下味を付けた後で、ご飯を入れて、手早くいため上げる。

3. 具材がなじんだら、残りの調味料としょうゆを周りから入れる。味を調え、卵、枝豆を入れて軽くいためる。

Point!

この炒飯は卵を先に作る方がおいしくなります。しょうゆはフライパンの周りから入れて、焦がしの味を生かして下さい。

魚のカレー煮込み

材料　4人前

白身魚 …… 1尾

みじん切り野菜
- タマネギ …… 1/2個
- ニンニク …… 2片
- ニンジン …… 1/2本

スパイスA
- カレー粉 …… 大さじ1
- レモングラス …… 小さじ1
- 赤唐辛子 …… 小さじ1

調味料
- ナムプラー …… 小さじ2
- ココナツミルク …… 大さじ2

添え物
- 万能ネギ …… 2〜3本
- バジル …… 適宜
- 柿の種（ピーナッツ入り） …… 大さじ2
（軽くつぶす）

サラダ油 …… 大さじ4
鶏がらスープ …… カップ2
塩 …… 小さじ1

作り方

1　深めのフライパンにサラダ油（大さじ2）を入れてよく熱し、塩をふった魚を丸ごと入れ、しっかりと焼く（裏返し、周りの油をかけながら焼き上げる）。

2　1を煮込み鍋に移した後、そのままフライパンにサラダ油（大さじ2）を加え、みじん切りにした野菜をいため、スパイスAを加えていためる。鶏がらスープを加え、3〜4分煮て調味料を加える。

3　魚の入った鍋にソースを加え、弱火で5分ほど煮込んで味を調え、ぶつ切りの万能ネギ、バジル、砕いた柿の種をたっぷりかける。

Point!
ラオスで「パーカリー・ラオ」と呼ばれる魚のカレー煮込み。淡白な白身魚を丸ごと使い、楽しい一品。
多少変わった雰囲気のお皿に盛り込むと、テーブルが楽しくなります。ラオスの代表料理。

デザート
07

essay

夢工房

　脳細胞が「おいしい」と感じてしまうのは脂質と糖質とか。はるか昔、垂仁天皇の命を受けて常世国（とこよのくに）からタチバナの木の実を持ち帰った田道間守（たじまもり）が、日本では菓子神として祭られています。ミカンのたぐいでしょう。「菓子」の字の通り、果物の甘さこそがスイーツの源なのです。

　お菓子作りは料理より自由な感覚が求められ、特殊なプロの世界がありますが、ホームメードでも基本を崩さなければ夢いっぱいのオリジナル版を続々と作れます。

　3色のお月見団子はカボチャにサツマ芋、栗入り白玉。小さく丸めて積み上げお供えしました。風船にチョコをかけて固めるショコラ・デ・モンドは、少し技が必要ですが注目の一品です。ティラミスと飴細工を入れました。

　子どもたちが小さいころのクリスマスには、ツリーの形のケーキがわが家の呼び物でした。3個のスポンジを焼いてイチゴを挟んで重ね、円すい形にカット。生クリーム、ヒイラギ、キャンドルで飾り付けました。確か食べ上げるのに、ちびっ子10人以上がかかっていましたっけ。

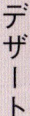

ヨーグルトケーキ

材料　6人前（直径15cmのケーキ型）

台
- ビスケット …… 10枚
- バター …… 40g

ヨーグルトケーキ
- クリームチーズ …… 200g
- ヨーグルト …… カップ1.5
- 砂糖 …… 60g

ゼラチン液
- ゼラチン …… 1袋5g
- 水 …… カップ1/2

フルーツゼリー
- イチゴ …… 5個
- キウイ …… 1個
- オレンジ …… 1/2個
- バナナ …… 1/2本

ゼリー液
- 砂糖 …… 40g
- ゼライス …… 10g
- 水 …… カップ1

レモンエッセンス …… 少々

作り方

1. 台はビスケットを細かくし、溶かしバターと混ぜて作り、型の底にしっかりと敷く。

2. 細かく切ったクリームチーズとヨーグルトをボールに入れ、よく練り合わせ、砂糖を加え、ゼラチン液を混ぜ込んで、台の上に流し込み、冷蔵庫で固める。

3. イチゴ、バナナ、オレンジ、キウイをカットして、固まった2にきれいに並べる。

4. 最後に、分量のゼリー液を冷ましてから3にかけ、冷蔵庫で冷やし、固まったら、型から抜いて皿に盛る。

Point!
とてもきれいなヘルシーデザート。ゆっくり冷やしながら、順に層を重ねて下さい。
型は底が抜けるものがベストですが、ラップを2重に敷いて、引き出せるようにしてもできます。

デザート

白玉ポンチ

材料 4人前

白玉
- 白玉粉 …… 100g
- 水 …… 100cc
- 抹茶 …… 少々

シロップ
- 水 …… カップ1
- はちみつ …… 大さじ1〜2

フルーツ
- イチゴ …… 1/2パック
- オレンジ …… 1個
- ミント …… 少々

作り方

1. 練った白玉粉の半分は、抹茶を少し入れて緑色にする。熱湯の中でゆで、冷たい水に入れる。
2. シロップを作り、冷ます。
3. 器に切ったフルーツと白玉を入れ、シロップをかける。

Point!
和風の器にしてみました。ガラス器も、もちろんきれい。大鉢に盛り込んでもすてきです。

抹茶のクレープロール

材料 4人前（直径21cmのクレープ約10枚分）

クレープ生地
- 小麦粉(薄力粉) …… 75g
- 卵 …… 2個
- 牛乳 …… 250cc
- バター …… 50g
- 砂糖 …… カップ1/2
- 抹茶 …… 大さじ4

クリーム
- 生クリーム …… 180cc
- 砂糖 …… 30g
- 抹茶 …… 大さじ2

サラダ油 …… 少々

作り方

1. ボウルにふるった抹茶と小麦粉を入れ、中央をへこませて卵を入れ、少しずつ泡立て器で合わせた後、砂糖と少し温めた牛乳、バターを加え、練って生地を作る。
2. フライパンにサラダ油を塗り、中〜弱火で焼き上げる。1回にお玉1杯を入れ、フライパンを手早く回して均等に伸ばし、ひっくり返して両面を焼く。
3. 生クリームに抹茶と砂糖を加えて泡立て、クレープの上に塗ってクルクル巻き、半分に切って盛り付ける。

Point!
みずみずしいお茶の香りのクレープ。盛ってから抹茶や粉砂糖をふりかけると、よりさわやかです。

スムージー

材料 1杯分

トマトで
トマト …… 1個
コンデンスミルク
　　…… 大さじ1
グラニュー糖 …… 少々
氷 …… 10個

バナナで
バナナ …… 1/2本
コンデンスミルク
　　…… 大さじ1
氷 …… 10個

アボガドで
アボガド …… 1/4個
コンデンスミルク
　　…… 大さじ1
グラニュー糖 …… 少々
氷 …… 10個

作り方

トマト

1　トマトは湯むきして、皮と種を取る。

2　1とコンデンスミルク、グラニュー糖、氷をミキサーにかけ、グラスに注ぐ。

　後の材料も同じ。

Point!
"飲むアイスクリーム"です。ほかの材料でも作ってみて下さい。

デザート

ナシとリンゴのコンポート

材料 4人前

ナシ …… 2個
リンゴ …… 2個
赤ワイン …… カップ1/2
グラニュー糖 …… 100～150g
水 …… 約800cc
生クリーム、クラッシュアイス
　　　…… 少々

Point!
煮すぎないようにして下さい。夏の重宝な保存型デザートです。

作り方

1　ナシ、リンゴは皮をむいて8等分に切り、芯を取る。水と鍋に入れ、グラニュー糖を加えて7～8分煮る。

2　そのまま火を止め、赤ワインを加え、1晩ゆっくり味を染み込ませる。

3　生クリームや砕いた氷と盛る。

梅干しアイス

材料 4人前

梅干し …… 3～4個
バニラアイスクリーム …… 400g

作り方

1　梅干しは種を取り、軽く果肉をほぐす。

2　市販のバニラアイスクリームをボウルに入れ、スプーンを使い、勢いをつけて梅干しを混ぜ込み、冷蔵庫で固める。

Point!
桃や煮たナシ、溶かしたキャラメルなどいろいろ混ぜ込むと、バニラアイスが変身します。

アジサイ色のムース

材料　4人前

ブルーベリージャム
　　……カップ1/2
ヨーグルト……カップ2
生クリーム……カップ1/2
ゼラチン液
　[ゼラチン……10g
　　水……カップ1/2
アジサイの花びら……少々
ブルーベリージャムと実
　　……少々

作り方

1. ヨーグルトにブルーベリージャムを加えてよく混ぜ、ゼラチン液と生クリームも混ぜる。

2. ふっくらとした型の茶わん（煎茶わんなど）に順に流し込み、冷蔵庫で固める。

3. 皿にひっくり返して出し、飾りを添える。

Point!

ブルーベリージャムを使ったうす紫のムース。わが家の6月のデザートです。周りも、雰囲気を生かす色で合わせてみて下さい。

ゴマ団子

材料　4人前（20個分）

- 白玉粉 …… 150g
- 砂糖 …… 30g
- ラード …… 10g
- 水 …… 150cc
- こしあん …… 100g
- （ごま油 …… 小さじ2）
- いりごま、黒ごま …… 適宜
- 揚げ油

作り方

1. 白玉粉に砂糖、ラードを加えてよく混ぜ合わせ、水を少しずつ加えて生地を練り上げ、20分ほどねかす。

2. こしあんは鍋で弱火でいり、水分をとばし、ごま油を練り込んで、中華あんにして個数分の小さい丸にする。

3. 1も個数に分けて丸くのばす。2を中央にのせ、包み込んで団子にする。

4. さっと水を通してから、ごまの入ったビニール袋に入れて、いっぱいごまをつける。

5. 揚げ油は弱めの150度くらいで、最後に強火でカリッと揚げる。

Point!
干し柿や干し芋を芯にしても変化が楽しめます。

栗あそび

栗茶きん

ペースト材料 10～12個分

- クリ …… 1袋
- 砂糖 …… 好みの甘さで
- 塩 …… ひとつまみ
- 水 …… 適量

作り方

1. ゆでたクリを水少々と鍋で軽く煮て、フードプロセッサーですりつぶし、好みの甘さのペーストを作る。
2. ピンポン玉くらいに握り、固く絞ったふきんでくるみ、上からねじって茶きんの型にする。

モンブラン

材料

- バター …… 大さじ1杯
- ブランデーまたはラム酒 …… 少々
- 生クリーム、ミント …… 適宜

作り方

1. ペーストにバターとブランデーを加え、絞り袋に入れる。
2. タルトの上に高く絞り出し、生クリームとミントを添える。

> **Point!**
> 甘味の足りないクリの利用法に便利です。クリペーストを作っておくと、変幻自在に使えます。

デザート

黒砂糖のプディング

材料　4人前

黒砂糖 …… 100g
卵 …… 3個
水 …… カップ1と1/2
ココナッツミルク …… 大さじ4

Point!
レンジであっという間にできます。ココット皿や、レンジ対応型のカップなどで、作ってみて下さい。

作り方

1. 黒砂糖を水（カップ1）で煮溶かし、冷ましておく。

2. 卵を溶き、水（カップ1/2）を加えてのばし、こしておく。

3. 1と2を合わせて器に入れ、レンジに約2分かける。

4. そのまま冷たくして、食べる時にココナツミルクをトッピングする。

揚げ餅のデザート

材料　4人前

切りもち …… 2個
ココナッツミルク …… 1/2缶
砂糖、水 …… 適量
フルーツ　メロン、クコの実 …… 少々
揚げ油

作り方

1. 切りもちを粗めのみじん切りにして、160度の油で揚げる。

2. ココナッツミルクに砂糖、水、クコの実を加え、軽く温めながら好みの濃度にする。

3. 1とカットしたフルーツを器に入れ、2を加える。

Point!
もちを揚げるのはフライパンで大丈夫です。タピオカとはひと味違う、アジアンデザートになります。

ユリ根の茶きん絞り

材料　4人前
ユリ根 …… 1個
グラニュー糖
　…… 大さじ4（好みで）
食紅 …… 少々
黒豆 …… 8〜10個

作り方
1. ユリ根はほぐして、傷んだ所を取り、器にのせて、軟らかくなるまで3分ほど蒸す（レンジでもよい）。
2. ビニール袋に入れて、手でもんでつぶし、好みの甘さにして水溶き食紅で色を付ける。
3. 黒豆2個と一緒にピンポン玉くらいに握り、固く絞ったふきんやラップで上からねじり、茶きんの形にする。

Point!
ちょっとぜいたくな茶きん絞りです。抹茶を加えた生地と半々にして絞ると、より華やかに……。

アイス柿のオードブル

材料　4人前
柿（冷凍） …… 4個
カマンベールチーズ
　…… 1個
オリーブ …… 8個
白ワイン …… 大さじ3〜4
イタリアンパセリ …… 少々

作り方
1. 柿のへたの前を横に切り、下の方を少し、スプーンでくり抜く。
2. 白ワインをかけ、一口大に切ったカマンベールチーズとオリーブをのせ、イタリアンパセリを飾る。
3. 半解凍状態にして、皿に盛り、すすめる。

Point!
このほかにも、生ハムやスモークサーモンなど、取り合わせてみて下さい。

デザート

焼きリンゴと葉っぱのパイ

材料　4～6人前

リンゴ……　2～3個
バター、砂糖、シナモン……　適宜
パイ生地
　┌　小麦粉……　100g
　│　バター……　50g
　│　卵黄……　1個分
　└　塩……　少々

Point!

リース飾りを皿に置いて、クリスマスイメージにしています。焼きリンゴとリーフパイだけでも、かわいく手軽です。
市販のパイ生地を使うとあっという間にできます。

作り方

1. パイ生地は、練り込み式で作る。小麦粉、細かく切ったバター、塩を冷水で調節しながらボウルの中でまとめ上げ、耳たぶ状の固さにする。

2. 少しねかせたあと、めん棒で伸ばし、直径21cmのパイ型に切り取り、卵黄を塗ってオーブン（220～250度、15分）で焼く。残った生地は木の葉型に抜いて焼く。

3. リンゴは皮つきのまま芯を取り、1cm厚のくし型に切る。フライパンにバターと砂糖を溶かし、からめながらリンゴを焼く（好みでシナモンをふる）。

4. 丸いパイ地の上に焼きリンゴを輪を描くように並べ、ところどころに葉型のパイを置いて飾りにする。

デザート

あとがき

仕事を始めて30年近くがたち、
メディア用に撮影した料理が数千点になりました。
それらは、クライアント(依頼主)さんの意向に沿って
考案したものがほとんどです。
時代の流れの中で、次々に違う発想で新たな需要に向けて、
現場スタッフの方々と創り上げた作品でもあります。
これらは当然、消えてゆく宿命を負っていました。

このたび、そんな作品に新たに撮り下ろした料理を加えて、
本にまとめていただけることになりました。
正直、思ってもみないことでした。ありがたい限りです。

私にとりまして"子ども"のようなこの本。手にしてくださる方が、
料理の味に加えて、食卓の上や調理タイムそのものも
五感をフルに使い、
心躍らせて味わっていただければと願っています。

本書編集に当たり、快く掲載を承諾してくださったクライアント各社、
多くのスタッフの皆さま、BSN新潟放送、発行所である新潟日報事業社、
殊に神原さん、河村さんには大きなお力添えを頂きました。
厚く御礼申し上げます。

そして、限りない愛情で見守り続けてくれている大切な友人、
最愛の家族にこの本を贈ります。
サァー、今日も新しい一日を……。

さくいん 五十音順 index

肉

- **あ** 秋酢豚………14
- **か** 角煮大根………16
  - 鴨のロースト………19
  - 牛肉の甘味噌焼き………11
  - 切り干し大根と牛肉のスープ………10
  - コートレット………9
  - コンビーフのスープ………26
- **さ** ステーキサラダ………8
  - スペアリブ………12
- **た** チキンライス（海南鶏飯）………22
  - 鶏手羽元のとろとろ煮………20
  - 鶏肉のミートローフ………24
- **な** ナスと挽き肉のペースト………25
  - 肉じゃが………11
  - 肉団子煮込み（コフタ）………23
- **は** パプリカチキン………21
  - 豚とピーマンの炒め物………17
  - ポットロースト（ローストビーフ）………7
  - ホワイトチキン………21
- **ま** 蒸しサラダ………26
  - 蒸し野菜と豚の黒酢ソース………15
- **や** ゆで豚………13
- **ら** ローストチキン………18
  - ロールキャベツ………25

魚

- **あ** アクア・パッツア………32
  - 鰯のマリネ………37
  - うざく………37
- **か** 鰹のたたき………36
  - カリビアンサラダ………38
  - コトリアード………32
- **さ** サーモンパイ………31
  - サーモンマリネ………30
  - 鮭餃子………40
  - 鮭のトマトソースグラタン………43
  - 刺し身サラダ………39
  - 鯖の味噌煮………41
  - 白身魚の変わり蒸し………44
- **た** 鯛の海鮮風………34
  - 鱈のフリッター………44
  - たらばがにの湯葉グラタン………42
  - 粒うにと南蛮エビのカルパッチョ………35
  - 冬菜の淡雪まぶし………40
- **は** 初鰹の漁師風………36
  - ブイヤベース………33
  - 鰤大根………41
- **わ** わっぱ飯………29

野菜・卵

- **あ** 秋色サラダ………51
  - 揚げ芋の田楽………47
  - 揚げ餅のみぞれ鍋………60
  - いろいろフラン………66
  - おでん………56
- **か** 切り昆布グラタン………55
  - 金時煮豆………48
  - きんぴらごぼう………49
  - 車ふの煮物………49
  - ごちそう冷ややっこ………62
  - 五目卵焼き………64
  - コラーゲン鍋………58
- **さ** しその実漬けのトマトオードブル………55
- **た** だし巻き卵………65
  - 冬至鍋………57
  - 豆乳チーズ鍋………59
  - 豆腐オムレツ………65
  - 豆腐の焼き鍋………61
  - トマトのライスサラダ………53

な	ニンジンのシャキシャキゼリー………63	か	牛肉の油麺………88
は	白菜漬けのクリーム煮………54	さ	ザーサイ焼きそば………90
	白菜漬けのポークロール………54	た	七夕そうめん………87
	春の香小鉢………48		トマトリゾット………95
	ポテトチップのキッシュ………51		鶏のピリ辛麺………89
や	やわ肌ネギのグラタン………52	は	パスタ・プリマヴェーラ………92
ら	ラタトゥイユ………50		一塩イカのペペロンチーノ………91
			ホタテオイルリゾット………94
		や	薬膳そばサラダ………90

ご飯・汁物

あ	揚げせんべい………78
	イクラの鹿の子丼………74
か	カニ炒飯………77
	切り干し漬け炒飯………77
	けんさん焼き………78
	けんちん汁………81
さ	鮭茶漬けの夏ちらし………70
	鮭の焼き付け丼………74
	椎茸丼………76
	スモークサーモンの押し寿司………73
た	鱈の粕汁………83
な	菜の花寿司………73
	煮菜………82
	のっぺ………80
は	ばら寿司………71
	挽き肉丼………75
	吹き寄せ飯………72
ま	豆天丼………76
や	焼き鯛の吸い物………84
わ	若菜の焼きご飯………79

カレー

あ	インドカリー………100
か	カレー炒飯………103
	キーマカレー………102
さ	ザ・カレー………99
	魚のカレー煮込み………104
ら	レッドカレー………101

デザート

あ	アイス柿のオードブル………115
	揚げ餅のデザート………114
	アジサイ色のムース………111
	梅干しアイス………110
か	栗あそび………113
	黒砂糖のプディング………114
	ゴマ団子………112
さ	白玉ポンチ………108
	スムージー………109
な	ナシとリンゴのコンポート………110
ま	抹茶のクレープロール………108
や	焼きリンゴと葉っぱのパイ………116
	ユリ根の茶きん絞り………115
	ヨーグルトケーキ………107

めん・パスタ

あ	イクラのパスタ………93
	ウニのピザ………96

著 者　小島富美子（こじま　ふみこ）

新潟市出身。共立薬科大学（現・慶応義塾大学）薬学部卒業。
テレビの料理番組担当後、1980年から「ふうどスタイリスト」としての仕事を始め、
食（Food）と風土の親密さを原点として、広告、メディアで食や料理の制作、演出を担当する一方、
風土関係の各委員を務めている。
世界各国の食文化を研究、食の奥深さ並びにテーブルコーディネイトを大学等で講義している。
青陵大学講師、新潟調理師専門学校講師。

●本書制作に当たり、下記の方々からご協力をいただきました。（敬称略）
㈱加島屋、月岡温泉白玉の湯 華鳳、㈱きむら食品、新通土地区画整理組合、㈱第四銀行、
新潟県総合生活協同組合、北信越ヤマトホームコンビニエンス㈱、㈱宮崎製作所、山崎金属工業㈱、
㈱雪国まいたけ、和平フレイズ㈱、新潟日報社、上山スタジオ（上山益男）、スタジオケン（大島謙一）、
スタジオゼロスリー（東浦一夫）、スタジオ辻（辻美津夫）、スタジオU（宮原一夫、中沢和広）、
新潟電子倶楽部（大越清孝）、比留川勇広告写真事務所、星野けんいち、新潟日報事業社（山本徹）、
㈱アートグラフィック新潟、岩崎印刷㈱、㈱大橋洋食器、㈲カメガイアートデザイン、三条印刷㈱、
㈱サンタプランニング、誠和印刷㈱、㈱誠晃舎、㈱第一印刷所、㈱タカヨシ、㈱パブリシティコア、
凸版ホームズ㈱、㈱メディック

アシスト／虎島 秀樹（ふうどオフィス）
デザイン／梨本 優子

小島富美子の
もっとうれしい
いただきます！

2009（平成21）年4月25日　初版発行

著 者　小島富美子
発行者　徳永　健一
発行所　新潟日報事業社
　　　　〒951-8131　新潟市中央区白山浦2-645-54
　　　　電話 025(233)2100　FAX 025(230)1833
印刷所　株式会社第一印刷所

©Humiko Kojima 2009　ISBN978-4-86132-332-4
乱丁・落丁は送料小社負担でお取り換えいたします。
定価はカバーに表示してあります。